文明的细节

追寻古人的风尚

闲情逸致篇

李东 著

辽宁教育出版社
·沈阳·

© 李东 2024

图书在版编目（CIP）数据

文明的细节：追寻古人的风尚. 闲情逸致篇 / 李东著. —沈阳：辽宁教育出版社，2024.6

ISBN 978-7-5549-4060-0

Ⅰ. ①文… Ⅱ. ①李… Ⅲ. ①文化史—中国—古代—通俗读物 Ⅳ. ①K220.3-49

中国国家版本馆CIP数据核字（2024）第026228号

文明的细节 追寻古人的风尚 闲情逸致篇

WENMING DE XIJIE ZHUIXUN GUREN DE FENGSHANG XIANQING YIZHI PIAN

出 品 人：张 领

出版发行：辽宁教育出版社（地址：沈阳市和平区十一纬路25号 邮编：110003）

电话：024-23284410（总编室） 024-23284652（购书）

http://www.lep.com.cn

印 刷：辽宁新华印务有限公司

责任编辑：赵姝玲 于 薇

封面设计：琥珀视觉

版式设计：熊 飞

责任校对：黄 鲲

幅面尺寸：145mm × 210mm

印 张：5.5

字 数：130千字

出版时间：2024年6月第1版

印刷时间：2024年6月第1次印刷

书 号：ISBN 978-7-5549-4060-0

定 价：29.80元

版权所有 侵权必究

前 言

2017年4月媒体报道，来自某高校的一个科研团队历时多年研发的“唐宋文学编年系地信息平台”上线，几天之内点击量就突破了300万次。据项目负责人介绍：“这一平台打通了时空维度，解决了文学研究富有时间感而缺乏空间感的局限问题，可以让人直观地了解到诗人、词人的生平和行走轨迹。”

有热心网友登录平台在线检索，惊呼这个信息平台的神奇——电子地图可查看数百位唐宋诗人的行程轨迹，由此，我们可以瞥见古代文人广阔的生活空间，较之今人也毫不逊色。

比如，李白就是一位特别能“折腾”的诗人，点开李白的行程轨迹，你不得不惊呼，这是一位“跑长途”的“老司机”，在61年的人生光景中，他走过路过的地方“密密麻麻”，这些轨迹路线图恰恰反映了他多彩人生的不同阶段。其中，37岁到39岁之间，基本在江苏境内“折腾”，淮安、宝应、扬州、溧阳、苏州，最后直奔浙江杭州；46岁至56岁的十年间，8次游历南京。每经一地，他都留下了诗文笔墨、华彩句章。

比如,苏轼曾这样总结自己的人生：“问汝平生功业，黄州惠州儋州。”有人说苏轼是一位“坐不住”的诗人，有人说苏轼的一生“颠沛流离”，可是光凭文字很难想象那是怎样的一种经历。在这个信息平台上输入“苏轼”，地图上瞬间呈现出一幅直观、生动的“苏轼颠沛流离路线图”，苏轼一生的轨迹信息近万条，遍布全国各地，令人感叹。在编年地图上，他的人生轨迹好似一个“中”字，上面分布着密密麻麻的90来个红点，表示他去过90多座城市，称得上“行走城市最多的古代诗人”，真有一种“一生都在路上”的感觉。或许，也有苦中作乐的时候，网友戏称“他去过那么多地方，吃过那么多当地美食”，这种经历堪比“舌尖上的中国”。

如果不是有这样一种先进的科技手段，今天的人们很难想象古人的眼界和经历，我们或许该扪心自问，生活在科技文化昌明的当代社会，是不是小瞧了古人的眼力和脚力，在那“交通基本靠走，通讯基本靠吼”的古代社会，诗人们不辞劳苦、跋山涉水、栉风沐雨，走遍神州大地，这不仅仅是锦绣手笔、华彩文章，更是人生的礼赞、生命的光芒！

细说古人的休闲娱乐和文化情趣，每每看到“古人比我们玩得嗨”，每每看到那些活灵活现的历史人物、人情世故，都会让我们对先人增添一份亲近感，讲述他们的追求，传扬他们的热爱，也是我们自信的由来。

目录

/

contents

闲情逸致篇

抚琴弄弦、打call追星、粉黛胭脂、驯鸟熬鹰、笛声悠扬、歌海欢腾、金声玉振、五彩缤纷……闲情只因时光短，逸致更觉心境宽。

古人慨然长啸，且说且唱，心读万卷书，脚行万里路；无奈河海采珠，有意栽培榛果，养心吟诗作画，谈味诗酒茶香。

敬古人乐天知命，恣意洒脱；感古人赤诚热心，创意无垠。

闲情荡漾，逸致流芳。

古人追星也疯狂

有一个网络流行词叫作“打call”，说的是粉丝与偶像明星互动，用力呼喊、挥动荧光棒，在演唱会上跟随音乐的节奏，台上台下热情互动的情景。那么，中国古人也追星吗？没错，古人也追星，而且与我们相比，一点儿也不逊色。

西晋时期，有一位著名的文学家、政治家，名叫潘岳，字安仁，但是人们称他为“潘安”，说他是中国古代第一花样美男。《世说新语》里这样描写潘安的帅气外表：“潘岳妙有姿容，好神情。少时挟弹出洛阳道，妇人遇者，莫不连手共萦之。”意思是说：潘岳年轻的时候风流倜傥，长相俊美；少年时挎着弹弓从洛阳的大道出去溜达，女人们看到他，就会手拉手把他围在中间。东晋裴启《语林》记载了粉丝们为潘安疯狂“打call”的场面：“安仁至美，每行，老妪以果掷之满车。”说潘安人长得帅，驾车走在大街上，各个年龄段的女粉丝们为之着迷，尤其是那些岁数大的女粉丝，为了表达自己见到偶像时的激动心情，纷纷把新鲜的水果送给潘安，这潘安来不及接，大家伙干脆直接把水果扔到车上，在大街上走一圈儿，潘安车上的水果也差不多装满了，成语“掷果盈车”就是从这个典故当中得来的。至于说为什么要掷水果呢，《诗经·卫风》有云“投我以木瓜，报之以琼琚。匪报也，永以为好也！”你送给我木瓜水果，我回赠你美玉，我回赠的东西要比你给我的东西更贵重，这体现出我对你的情谊更珍视。据说，从先秦时期开始，人们就有这样的传统，通过赠送水果来表达心意。

和潘安同时代，有一位著名的文人雅士叫卫玠。相传，卫玠小的时候就名声在外。五岁时被视作神童，年纪轻轻就开始研究《老子》《庄子》，成年以后更是善谈明理。再有，就是长得漂亮。《晋书·卫玠传》记载，五岁时的卫玠就生得“风神秀异”，在人群中特别显眼。卫玠年少时乘坐羊车到街市去，看到他的人都以为是玉人，纷纷跑去围观他。卫玠的舅舅是朝廷的骠骑将军，也是一位“俊爽有风姿”的大人物，可是舅舅也是卫玠的铁杆粉丝，他说每次卫玠在自己身旁，就觉得这孩子美得发亮，不禁感慨道“珠玉在侧”，自己的容貌就没法看了。《世说新语》记载，“卫玠从豫章至下都，人久闻其名，观者如堵墙。玠先有羸疾，体不堪劳，遂成病而死。时人谓‘看杀卫玠’。”这说的是当年卫玠全家从豫章搬到下都，就是从今天的江西南昌一路奔波搬家到江苏南京，结果城里的人听说卫玠来了，纷纷跑到路上围观，热情的粉丝里三层外三层，把卫玠团团围住，卫玠本来就身体虚弱、旅途劳顿，加上被粉丝围堵，这么一折腾，就生病了，最后竟然一病不起，与世长辞，终年26岁。成语“看杀卫玠”由此而来，都说卫玠是被看死的，真是遗憾。

这古人追星，既有千古佳话，也有悲剧遗憾，和如今的追星倒颇有些相似的地方。明星偶像，说到底就是人们内心的一个向往和榜样，人人都想超越自我，成就一个更好的自己。与其如此莫不如让自己变得越来越优秀，说不定有一天，我们真的能和偶像明星肩比肩。

诗文雅韵

陌上桑节选

汉·乐府

日出东南隅，照我秦氏楼。
秦氏有好女，自名为罗敷。
罗敷喜蚕桑，采桑城南隅。
青丝为笼系，桂枝为笼钩。
头上倭堕髻，耳中明月珠。
缃绮为下裙，紫绮为上襦。
行者见罗敷，下担捋髭须。
少年见罗敷，脱帽著帩头。
耕者忘其犁，锄者忘其锄。
来归相怨怒，但坐观罗敷。

这是汉乐府《陌上桑》中的一部分内容，原诗讲述了采桑女罗敷用巧妙的方式拒绝太守调戏的故事，生动地反映出劳苦百姓不畏强权的可贵品质。诗中用铺张的笔法细细描摹了罗敷的服饰，来衬托她的美丽；同时，用周围人的反应加强描写效果，让读者展开丰富的想象，从而有助于刻画人物形象。

闵贞采桑图轴（清）

正所谓“爱美之心，人皆有之”，罗敷的个人魅力已然倾倒众人，用今天的话来说，她就是老少通吃的“全民偶像”。诗歌的语言活泼、幽默。阅读诗句，一幕粉丝追星的生动场景便展现在我们面前：眼见罗敷头上梳着堕马髻，耳上戴着宝珠耳环，身穿浅黄色花纹的丝绸下裙，上身配以紫色的绫子短袄，顾盼神飞，摄人心魄；走过路过的人看见她，总会停下脚步呆呆地注视，成年人手捋胡须一时出神；年轻人看见她，不禁脱帽重整头巾，希望给她留下个好印象；耕地的人忘记了自己在犁地，锄田的人忘记了自己在锄田，以致于农活都没有干完，回来后相互埋怨，只是因为贪看了罗敷的美貌。

汉代乐府诗在艺术上取得了很大成就，这些作品有很强的叙事性，善于通过典型细节来刻画人物，又兼具浓郁的生活气息。《汉书·艺文志》评价："皆感于哀乐，缘事而发，亦可以观风俗，知薄厚云"，生动地反映了社会生活的各个方面，充满了现实主义的精神。

文史小贴士

《世说新语》

《世说新语》是南朝宋临川王刘义庆采集旧文编撰而成的一部志人笔记小说。原名《世说》，后为与西汉刘向所著《世说》相区别，又名《世说新书》，经北宋文学家晏殊整理删定后，通称为《世说新语》。全书主要记述了东汉末年至南朝宋二百多年间士族阶层的言谈风尚和琐闻轶事，鲁迅先生称之为"一部名士底教科书"。

《语林》

《语林》是东晋裴启编撰的一部志人小说，原书已经亡佚，后世较为常见的辑佚本有《裴启语林》一卷。

古今女子都爱口红，一抹亮丽耀千年

爱美是每个人的天性，尤其是女人的天性。口红几乎是现代女子必备的化妆品之一，涂抹口红可以衬托出女性的妩媚与性感。其实，女人爱口红不是现代才有的事，一支口红让人们着迷了几千年。

中国古代关于妆容的记载，至少可以追溯到春秋战国时代，《楚辞》里就说："粉白黛黑，施芳泽只。"古代女子精心地往脸上搽粉，让脸看起来更白；细致地描画眉毛，让眉毛看起来更黑；用特殊的颜料美化嘴唇，让嘴唇看起来有光彩。

陶彩绘女俑（唐）

那古人用什么做

口红呢？有学者考证，早在商周时代，就有妇女采集红蓝花，取花汁凝结为脂用于妆饰容貌，称为“燕脂”。五代时期一个叫马缟的人写了一部书——《中华古今注》，这里面记载“燕脂，盖起自纣，以红蓝花汁凝作燕脂，以燕国所生，故曰燕脂，涂之作桃花妆。”其实这个红蓝花，是东北地区常见的一种花，还是一味中药材。这么看，古人用的化妆品都是纯天然的，她们用植物花瓣的汁液涂抹在嘴唇上，让自己的唇色更加靓丽好看。

陶彩绘女俑02（唐）

先秦时期的宋玉做过一篇著名的《神女赋》，里面是这样形容女神的美丽：“貌丰盈以庄姝兮，苞温润之玉颜。眸子炯其精朗兮，瞭多美而可观。眉联娟以蛾扬兮，朱唇的其若丹。”和今天我们夸美女漂亮是一个道理：“哇！真漂亮呀，这就是我的女神！”她的体态丰盈成熟，她的面庞温润白皙，她的眼睛会说话，双眸闪动，炯炯有神，看完一眼还想多看几眼；眉毛也漂亮，细长弯曲；尤其是这嘴唇，红润光彩，好似朱砂一般。

陶彩绘女俑（明）

朱砂也是中国古代妆唇所用红脂的主要原料之一，“朱”的色彩为“红”，故古人常称女性的口唇为“朱唇”。单纯涂抹朱砂，附着力差，容易掉色，着色也不均匀。于是，古人便改进了制作方法，在朱砂中掺入矿物蜡及动物油脂等辅料，这样便增加了防水性能，且黏密润滑，光泽鲜亮，成为“唇脂”，后来改叫“口脂”。

金廷标仕女簪花图轴（清）

魏晋南北朝时期，唇脂的制作工艺得到进一步改良。人们在朱砂中不仅添加动物油脂，还添加丁香、藿香，使其芳香味道更加浓郁。北魏贾思勰《齐民要术》记载：“合面脂法：用生髓。［牛髓少者，用生脂和之。若无髓，空用脂亦得也。］温酒浸丁香、藿香二种。［浸法如煎泽方。］煎法一同合泽，亦著青蒿以发色。绵滤著瓷、漆盏中令凝。若作唇脂者，以熟朱和之，青油裹之。”所以，早期的口红涂起来有点油腻腻的，不过颜色鲜亮，味道也很香。

唐代，人们将口脂中的动物油脂替换为蜜蜡。如此一来，提升了黏着性、可透性和光滑性,还能滋润肌肤，味道是甜甜的。据《外台秘要方》记载，制作口脂的工艺十分复杂，需要添加多种香料，经过缓火煎煮、去滓封存等多个环节，这种制作流程称为“烧甲煎法”。

而且，这时的口脂颜色更加丰富，除了朱色口脂，还出现了紫口脂和肉色口脂：“若作紫口脂，不加余色：若造肉色口脂，著黄蜡、紫蜡各少许；若朱色口脂，凡一两蜡色中，和两大豆许朱砂即得。”有研究者指出，紫口脂和朱色口脂应是当时女子常备的化妆品，而肉色口脂或为男子所用。宋人陈元靓《岁时广记》记载：“唐制，腊日赐宴及赐口脂、面药。”意思是说，每年腊日这一天，皇帝会赏赐臣子口脂、面药等护肤品。结合《文苑英华》的记载，这种赏赐的对象也包括戍边将士。可以想象，地处西北的大唐都城，男男女女都使用口脂来滋润嘴唇、对抗干裂。

唐代传奇小说《莺莺传》有这样的情节：崔莺莺收到张生从京城捎来的手札和物品，回信道：“捧览来词，抚爱过深。儿女之情，悲喜交集。兼惠花胜一合，口脂五寸，致耀首膏唇之饰。”从中可以看出，唐代的口脂已是条状。这种条状的口脂会被贮存在象牙雕刻的圆筒内，圆筒或以绿浸染，即所谓“碧镂牙筒”，或称“翠管”。杜甫就曾写诗称赞：“口脂面药随恩泽，翠管银罂下九霄。”《柳氏传》中，柳氏“以轻素结玉合，实以香膏，自车中授之，曰：‘当遂永诀，愿置诚念。’”在这个无限伤感的场合，口脂成为男女主人公相爱无果、惆怅惋惜的永久纪念。

菩萨蛮·小山重叠金明灭

唐·温庭筠

小山重叠金明灭，鬓云欲度香腮雪。懒起画蛾眉，弄妆梳洗迟。

照花前后镜，花面交相映。新帖绣罗襦，双双金鹧鸪。

温庭筠被誉为“花间派”鼻祖，《旧唐书》说他“士行尘杂，不修边幅，能逐弦吹之音，为侧艳之词”。王国维用“画屏金鹧鸪”来形容他的词品，足见其作品色彩华丽绮艳，风格细腻隐约。这首词细致描写了贵族女子晨起梳妆的过程，笔触细腻，刻画精微，在一系列意向的对比中，含蓄地暗示了女子闺中独处、空虚寂寥之感。

这首词通过一组动作和几个画面，勾勒出一幅美人梳妆图，让今人得以瞥见古代贵族女子内室生活中难得一见的片段。“小山”指唐代女子的一种眉式，“重叠”即皱眉的样子；“金”是金色，当时女子眉额间妆饰“额黄”，或饰以金粉；“明灭”指妆饰脱落、黯淡，所以说“小山重叠金明灭”。“鬓云”形容头发浓密丰盛且鬓丝缭乱，“度”是遮、掩的意思，“香腮雪”形容女子面庞白皙、娇嫩。“蛾眉”指女子长而细美的眉毛，“花”指插在头上的花朵。

开头两句写女子的面庞，从眉头、额头精描到头发和脸颊，寂寞慵懒的情态栩栩如生。“懒起”两句写女子无心梳洗打扮，化妆迟迟，尽显娇懒之态。下片承接前文，以“照花前后镜”的动作刻画出女子顾影自怜的心理活动，又以“双双金鹧鸪”的细节暗示女子的孤单与寂寞。

清代文人评价温庭筠的词作是“深美闳约”“精妙绝人”，经由这样细致的描刻，一位古代美女跃然纸上，神形兼备地坐在我们面前，情景交融，引人入胜。

文史小贴士

《外台秘要方》

《外台秘要方》是一部综合性医书，由唐代王焘所著。全书共四十卷，收录了秦至唐中期五十六位有名医家方论，六千余首医方，并将其按疾病分为一千一百零四门。其中，卷第三十二记载了“口脂方三首”“烧甲煎法六首”等，为后人了解古代口脂的制作方法提供了生动的资料。

新石器时代的灵魂乐器

火热的夏天，某综艺节目带火了一支又一支充满激情的乐队。有网友展开联想，如果在中国古代组建一支乐队的话，会不会也一样火呢？这个想法其实挺靠谱，华夏文明上下五千年，无论在哪个时代，都不缺少顶级乐队组合。

如果在七八千年前，我们可以组建一支新石器时代的“大自然乐队”，乐器全部来自大自然，兽骨、石头、泥土化为骨笛、陶鼓、陶埙、石磬等演奏乐器，整支乐队的风格自然淳

程嘉燧芦艇笛唱图扇页（明）

朴，充满了对大自然的敬畏，对生灵的祈祝。

这支乐队的首席乐器应该是一只笛子，准确地说是赫赫有名的“贾湖骨笛”。“贾湖骨笛”出土于河南舞阳贾湖遗址，距今7800年至9000年，是我国目前出土的年代最早的乐器实物，被称为“中华第一笛”，更被专家认定为世界上最早的可吹奏乐器。在“贾湖古笛”出土之前，人们以为先秦时代只有五声的调式，而“贾湖骨笛”不仅能够演奏传统的五声或七声调式的乐曲，还能演奏富含变化音的少数民族乐曲，甚至是外国乐曲，它的出土改写了整部中国音乐史。

不仅如此，“贾湖古笛”身上还有许多奇迹。比如，编号为M282-20和M282-21的两支骨笛，其绝对音高只差两分，即现代乐器制造家必须依赖科学仪器辅助才能确定的半音的1/50。这一现象说明，古人对声音的敏感度绝不逊于今人，其音乐感知力令人佩服。再比如，在许多支骨笛上都留下了制笛开孔前计算的

象牙雕童子牧羊（清中期）

痕迹。开孔前，古人曾在骨管上打下若干个未曾穿透的钻点，留下了计算开孔位置的刻度。这说明，贾湖先民在乐器制造与音阶选择方面已然有了自己的要求和标准，反映了他们在音乐文化上的认识水平。

制作骨笛所用的骨头是丹顶鹤的尺骨。中国古人十分喜爱丹顶鹤，把它看作是祥瑞之鸟，瑞羽奇姿。丹顶鹤引颈高歌，声音可以传到数公里之外。而在原始部落中，骨笛不仅是一种乐器，更是召唤狩猎的响器，甚至可以用乐音来实现神人沟通，传达整个部族的心声和诉求。

由此可见，如果我们组建一支新石器时代的“大自然乐队”，灵魂乐器非骨笛莫属。几千年斗转星移，原始的骨笛转化为艺术，融入了传统文化的基因和血脉。

诗文雅韵

春夜洛城闻笛

唐・李白

谁家玉笛暗飞声，散入春风满洛城。

此夜曲中闻折柳，何人不起故园情。

笛子是中国古代广为流传的吹奏乐器，它的表现力十分丰富，既能演奏悠长、深邃的旋律，又能呈现清亮、辽阔的情调，还可以奏出欢快、活泼的舞曲和优美、婉转的小调。早在新石器时代，原始村落里的华夏先民，把仙鹤的翅骨凿成乐器，发出了最悠远的笛声。

诗中的笛声，好似感伤、凄凉的呼唤，唤起了李白的思乡之情。

据考证，这首诗是李白客居洛阳时做的一首七绝。在“谁家玉笛暗飞声，散入春风满洛城”两句中，一个“暗”字，一个“满”字，写出了夜深人静之时，忽隐忽现却又仿佛无处不在的笛声，生动地渲染了思乡氛围，可谓余韵袅袅，回味无穷。

文史小贴士

贾湖遗址

贾湖遗址是我国淮河流域迄今为止发现的年代最早的新石器时代文化遗存，位于河南漯河市舞阳县北舞渡镇西南1公里的贾湖村，面积5.5万平方米，距今7800年—9000年。1983年至2013年，河南省文物考古研究院、中国科技大学在此先后进行了8次考古发掘，发掘面积3017.1平方米，出土文物近6000件。遗址出土的世界上最早的七声音阶骨笛、碳化稻米、契刻符号等文物，在音乐起源、农业起源、汉字起源等领域都有重要地位，其考古成果被镌刻在北京“中华世纪坛”青铜甬道显要位置，被列为20世纪全国100项重大考古发现之一。

组乐队，古人早玩过了

2019 年夏天，某综艺节目带火了一系列坚持做原创音乐的乐队，随即一批又一批的 70 后、80 后，甚至是 90 后、00 后观众陆续加入到音乐的狂欢中，线上线下一片歌海沸腾。

说到“唱歌唱到嗨”这件事情，中国古人一点儿也不逊色。甚至可以说，中华民族从来就是一个爱唱歌、爱组乐队的民族，不只是在夏天，还包括五千年历史长河中每一次春夏秋冬的轮替。

铜鼻钮舞乐杂技图案印（西汉）

1973 年，在青海省出土了一件新石器时代的陶器，叫“新石器时代舞蹈纹彩陶盆”，高 14.1 厘米，口径 28 厘米，底径 10 厘米，通体橙红色，在内壁画着三组舞蹈的图案。仔细看一下内壁装饰的舞蹈图案，每一组都是 5 个人，跳舞的人手拉着手，步调一致，就好像是踩着节拍翩翩起舞。此情此景，在今天的人们看来，这或许就是一场五千年前古代先民的“大型原始露天演唱会”。

陶戏弄俑（唐）

再来看山东济南市郊无影山西汉墓出土的“西汉彩绘乐舞杂技陶俑”，整个陶俑作品烧造于一个长方形陶盘上，这陶盘就好似一个舞台，总共有 21 个陶俑人物在那里表演。在舞台中心那个位置，有一个头戴冠、身着朱袍的陶俑，看他的神情、动作，特别像现代乐队的指挥，也像文艺演出的司仪；在这位指挥或者司仪的身边，有两名女子，身穿长袖花衣，翩翩起舞；旁边有两个男人正在打倒立，这个动作在杂技中叫“拿大顶”；还有一个人的动作难度系数

陶彩绘女舞俑（唐）

更大，像是在做柔术表演，双脚从身后上屈伸到了头顶。这个小舞台的后边还有一支乐队，由七个人组成，演奏者个个神情专注，分别在吹笙、鼓瑟、击缶、敲钟、捶鼓。舞台两侧有 7 名观众或者是助兴的人，他们头戴冠，腰系带，相向拱手而立。这个演出阵容，可谓群星璀璨，相当豪华。

1995 年河北省曲阳县王处直墓出土的“彩绘石散乐浮雕”也很精彩，这组石刻浮雕表现的是墓主人的女子散乐队。这支乐队共十二人，身穿窄袖襦裙，长裙摇曳，体态丰盈，神情安宁。这支乐队从政局纷乱的五代走来，演奏着大唐余音，见证着沧桑而又多彩的历史变迁。

诗文雅韵

李凭箜篌引

唐·李贺

吴丝蜀桐张高秋，空山凝云颓不流。
江娥啼竹素女愁，李凭中国弹箜篌。
昆山玉碎凤凰叫，芙蓉泣露香兰笑。
十二门前融冷光，二十三丝动紫皇。
女娲炼石补天处，石破天惊逗秋雨。
梦入神山教神妪，老鱼跳波瘦蛟舞。
吴质不眠倚桂树，露脚斜飞湿寒兔。

文学与音乐总是相通的。

在唐诗的世界里，李贺是一位想象奇特、虚幻荒诞的另类高手，被后人称为“诗鬼”。据史料记载，李贺是唐宗室后裔，但家道中落。青少年时代便才华出众，名动京师。仕途上并不顺利，仅做过奉礼郎的小官，一生穷困潦倒，身体羸弱，仅仅活了二十七岁。

孙隆清谨堂乐女墨（明万历）

诗中所写的李凭是梨园艺人，擅长弹奏箜篌，曾在宫廷演奏，获得皇帝赏识。由于李贺做过太常寺的奉礼郎，参加过朝会、祭祀之礼，所以他有机会听到李凭的弹奏。诗中，李贺凭借丰富的想象，运用神奇瑰丽的修辞手法，热情赞赏李凭的精湛技艺。“吴丝蜀桐张高秋”一句仅有七个字，把表示时间的状语放在动词后边宾语的位置上，让人产生丰富的想象：李凭演奏的音乐好似张来一幅高秋画卷，传递出高昂激越的金秋之声。“昆山玉碎凤凰叫”一句是比拟箜篌的声音，巧妙地把听觉和

红漆描金云龙纹中和韶乐埙（清中期）

视觉连在一起。

总揽全诗，李贺写的都是想象中的神话传说，那些被箜篌音乐感动的都是神话人物，江娥、紫皇、神妪、老鱼、瘦蛟、吴质、寒兔……这正是李贺诗作的艺术风格，他偏爱冷艳凄迷的虚幻意象，善于运用比兴、象征、暗示的手法，善于对环境气氛进行渲染，被后人称为“长吉体”。甚至有学者提出，这首诗颇有些“现代派”的意味。诗人的想象自由驰骋，不受时间和空间的束缚，跳跃奔腾；一个又一个破碎的印象缀合起来，一个又一个奇特的意象叠加起来，没有一以贯之的逻辑线索，如此天马行空，让人印象深刻。由此看来，无论是音乐还是诗歌，古人都比我们玩得嗨。

文史小贴士

陶俑

陶俑是一种陶质的动物或人形的立体雕塑，是中国古代雕塑艺术的一个重要类别，也是古代墓葬中的一种冥器，即陪葬品。

先秦音乐哪家强，孔子钟情《韶》乐

有一个典故叫作“子在齐闻《韶》，三月不知肉味”。说孔子在齐国听到《韶》乐，听得入迷，沉浸其中，很长一段时间里，都忘掉了肉的美味。从这个典故来看，若问先秦音乐哪家强，孔子对《韶》乐情有独钟。

《韶》乐是先秦时代等级最高、流传最久的雅乐，是一种集“诗、乐、曲、舞”为一体的宫廷艺术。相传由舜所开创，夏、商、周三

木彩画中和韶乐敔（清）

代帝王，均把《韶》乐作为国家大典用乐。据说在周敬王二年（前518）前后，孔子千里迢迢来到洛邑，也就是今天的洛阳。为什么要去洛邑呢？因为洛邑是东周的都城，也是周王朝的文化中心，孔子倾心向往的周代礼乐文化典籍都荟萃于此。孔子拜访了一位大咖，这个人叫苌弘，学识渊博，《淮南子》描述他“天地之气，日月之行，风雨之变，历律之数，无所不通。”孔子向苌弘请教音乐，孔子问：“《武》乐与《韶》乐孰为轩轾？”意思是“周武王所开创的《武》乐和舜所开创的《韶》乐哪个更好呢？”苌弘回答：若以二者之功业论，舜是继尧之后治理天下，武王伐纣以救万民，皆功昭日月，无分轩轾。意思是两者在历史上都有贡献，不分高低。“然则就乐论乐”就音乐本身来评价，“《韶》乐之声容宏盛，字义尽美”，《韶》乐安泰祥和是和谐之乐，侧重礼仪教化；“《武》乐之声容虽美，曲调节器却隐含晦涩，稍逊于韶乐”，《武》乐是武王伐纣一统天下之乐，侧重于大乱大治，述功正名。所以结论是：《武》乐尽美而不尽善，《韶》乐可称尽善尽美矣。

木彩画中和韶乐柷（明清）

后来，孔子有机会参加齐国的宗庙祭祀活动，现场聆听了《韶》乐。事后反复揣摩，认真学习，沉浸其中，甚至达到了废寝忘食的程度，睡梦中反复吟唱，吃饭时琢磨韵律，以至于连肉味都尝不出来了。孔子本身也是一位音乐家，将音乐视为“六艺”之一，“礼、乐、射、御、书、数”，“乐”排在“礼”之后，所谓以礼治身，以乐治心。让音乐浸润心灵，赞美音乐，陶醉于音乐之中，这也是孔子带给我们的启示。

有研究者认为，孔子闻《韶》的地方大概就是今天的山东临淄。《史记·苏秦列传》中记载：“临淄甚富而实，其民无不吹竽鼓瑟，弹琴击筑，斗鸡走狗，六博蹋鞠者。临淄之途，车毂击，人肩摩，连衽成帷，举袂成幕，挥汗成雨，家殷人足，志高气扬。”可见，当时齐国因为有了开放的政策和丰厚的物质基础，百姓生活富足安乐，音乐等各种娱乐形式十分发达。齐地居住的大多是东夷人，他们的民间音乐更加自由奔放，这直接影响到齐国的宫廷音乐，从单人的表演到几百人的合奏，从器乐到歌舞，表现形式丰富多彩，规模宏大且灵活多变，孔子闻《韶》后被深深打动，从此潜心钻研，三月不知肉味，可见音乐的魅力非同一般。

诗文雅韵

三月不知肉味[1]

（春秋·孔子）

子在齐闻《韶》，三月不知肉味，曰：“不图为乐之至于斯也！”

1 节选自《论语·述而》，题目为本书作者所加。

这是《论语·述而》中的记载，描述了孔子入齐后，在齐国重臣高昭子家中观赏《韶》乐时的情景。《韶》乐是周代齐国的大型宫廷乐舞，它来源于舜《韶》，脱胎于周《韶》，在齐国盛行800年之久，最能代表齐文化的特色，是对周《韶》保存最完整并有很大创新的地域音乐形式。

文史小贴士

六艺

六艺是西周学校教育的主要内容，包含六类课程，即礼、乐、射、御、书、数。周代比较重视贵族子弟的教育，六艺教学往往根据学生年龄的大小和课程内容循序渐进。书与数属于基础文化知识教育，是初级课程，为“小艺”。书指书写文字，数指计算、算法。礼、乐、射、御则是高级课程，为“大艺”。礼是政治伦理课，包含从政治制度、经济、军事到社会生活一切方面的法律和道德规范，是最重要的课程。乐是综合艺术课，射与御是军事训练课，射指射箭，御指驾车。六艺教育把知识传授和技能训练结合在一起，既重文，也重武。

春秋战国的重金属乐队

如果在春秋战国时代组建一支乐队，首席乐器必定是“编钟”，还可以给这支乐队起一个炫酷的名字，叫它“春秋战国重金属乐队”。

编钟是中国古代的一种打击乐器，主要由青铜合金铸成。流传至今堪称国宝的一套编钟，就是 1978 年在湖北随县（今随州）曾侯乙墓出土的“曾侯乙编钟”。这套编钟铸造于战国早期，距今 2400 多年，是我国目前出土的保存最完好、铸造最精美的一套编钟。

蟠螭纹编钟（战国前期）

“曾侯乙编钟”由65件青铜编钟组成，分3层8组悬挂在成曲尺形的铜木结构钟架上；钟架长7.48米，高2.73米；最大的钟高1.523米（接近一个成年人的身高），重203.6千克（400多斤），最小的钟重8千克（16斤）。这套编钟堪称世界音乐史上的奇迹，全套钟12个半音齐备，其音域跨5个半八度，比现代钢琴只少一个八度，可以旋宫转调。音列是现今通行的C大调，能演奏五声、六声或七声音阶乐曲，具有欧洲键盘乐器的功能。

不仅如此，还有更为神奇的地方，分别敲击钟的正鼓部和侧鼓部，同一个钟可以发出两个不同的乐音，两个乐音之间相差三度，是为“一钟双音”。专家研究得出的结论是：钟体的结构是合瓦形，而且钟壁的厚度不均匀，当敲击钟的正面时，侧面的振幅为0，敲击侧面时，正面的振幅为0，双音共存一体，互不干扰。这是编钟铸造的核心技术，反映了2400多年前中国科学技术的先进，被看作是中国20世纪音乐考古学上的重大发现。

早在公元前21世纪前后的青铜时代，华夏先民就创造出一大批青铜乐器，其中以编钟最具音乐特性。周代将乐器分为八类，即金、石、丝、竹、匏、土、革、木，合称“八音”。编钟属金，居于首位，是乐队中的主奏乐器。古乐一变为一成（即一奏、一章），九变而乐终，

金编钟（清·乾隆）

至九成而完成，称为“大成”。“孔子之谓集大成”中的“大成”即由此引申，形容孔子能够将前人的主张和学说融会贯通、汇聚归纳，形成完备的思想体系，因此被尊为“大成至圣先师”。

现如今，国内有专业的编钟乐团，一大批年轻人加入其中，让拥有2400年历史的古老编钟焕发出青春朝气。当年轻的音乐家击打古老的编钟发出天籁之声，我们可以乘着音乐的翅膀，感受传统文化，泱泱大国，华夏正音。

诗文雅韵

金声玉振[1]

战国·孟子

孟子曰：“伯夷，圣之清者也；伊尹，圣之任者也；柳下惠，圣之和者也；孔子，圣之时者也。孔子之谓集大成。集大成也者，金声而玉振之也。金声也者，始条理也；玉振之也者，终条理也。始条理者，智之事也；终条理者，圣之事也。智，譬则巧也；圣，譬则力也。由射于百步之外也，其至，尔力也；其中，非尔力也。”

音乐是一门声音艺术，它凭借声波振动而发起，经由时间流淌而铺展，以最直接的方式激发人们的情绪，呼唤人们的情感，

---

1 节选自《孟子·万章下》，题目为本书作者所加。

荡涤人们的胸怀。

“金声玉振”原指古乐的礼制，“金”代表钟，“玉”代表磬，两者皆是庙堂演奏时的两种大型乐器；演奏时，往往以钟发声，以磬收韵。后来，其文化含义更加丰富，人们以音乐的有始有终、和谐延续，来形容事态变化的始末，“金声玉振”成为传统文化对善始善终、一以贯之、不忘初心这类理想状态的最高评价。

文史小贴士

曾侯乙墓

曾侯乙墓是战国早期曾侯乙的一座墓葬，现有史料中并无关于曾侯乙的明确记载，研究人员从墓的规模、规格判断其为一方霸主。1978年，考古工作者在湖北随县（今随州）擂鼓墩发现了曾侯乙墓，墓中出土了15000多件文物，包括青铜器、漆木器、金玉器等。其中，十二律俱全的编钟、尊盘、九鼎八簋、《二十八宿图》衣箱、十六节龙凤纹玉佩为代表的精美文物震惊世界，被誉为“藏满瑰宝的地宫”“地下音乐殿堂”“地下文物宝库”。曾侯乙墓出土的丰富文物体现了先秦时期中国在艺术、科技、天文等方面的极高成就，对了解2400多年前曾国以及长江中游地区人们的精神世界和物质生活有着极高的文化价值。

如果组乐队，“竹林七贤”该怎么分工

有网友脑洞大开，给出一个创意，希望三国时期的“竹林七贤”组建一支乐队，甚至连乐队内部的分工都安排好了：嵇康担任队长兼首席古琴演奏；阮籍担任主唱，一声“长啸”震翻全场；阮咸弹琵琶，向秀帮忙打铁以增加重金属气息；王戎管理财务，山涛做乐队的经纪人，刘伶则带着一壶酒，在台上助兴。当然，这只是开玩笑，但玩笑背后反映出今天的人们对古人的想象和理解。

“竹林七贤”是三国时期七位文人雅士的统称，这七个人聚在一起的年代，大致是三国时曹魏政权的正始以后直到西晋立国这段时间，也就是公元 240 年至公元 265 年之间。这段时期，司马氏集团逐步控制了魏国的军政大权，政治动荡黑暗，文人们朝不保夕，“竹林七贤”就是当时文人的一个缩影。

在网友的玩笑中，让嵇康担任乐队的队长，这也是有所根据的。嵇康算得上是“竹林七贤”的精神领袖，才华横溢，有很大的个人魅力；身份也特殊，他娶了曹操的曾孙女长乐亭主为妻，是曹魏宗室的女婿。嵇康弹得一手好琴，精通乐理，当队长是够格的。阮籍“长啸”也是有来历的，他腹有诗书且胸怀大志，但是苦于现实的压抑，就找朋友倾诉，身体里的沉郁之气涌上喉咙，于是便长啸一声，心情豁然开朗。阮咸弹琵琶确有其事，阮咸是阮籍的侄子，他对琵琶的制作和演奏都很在行，后世就把他弹的古琵琶称为阮咸琵琶，简称“阮”。刘伶嗜酒如命这在历史上很有名了，这是他逃避昏暗现实、自我超脱的一种方法。向秀与嵇康的感情很深，嵇康在家打铁自娱自乐，向秀在一旁鼓风，二人配合默契，自得其乐。王戎在七个人中年纪最小，性格上比较吝啬，所以网友开玩笑让他管理财务，肯定不会乱花钱。山涛则是七个人中官职最高的一位，西晋政权建立后，他青云直上，曾执掌吏部十余年，替朝廷选百官，为西晋初年的短暂升平作出了重要贡献，人脉是相当的广，做乐队的经纪人自是不在话下。

当年七个人“相与友善，游于竹林，号为七贤”；后来时局变化，物是人非，“竹林七贤”内部也开始分化，每个人的命运和结局各不相同。

声无哀乐论节选

三国·嵇康

夫天地合德，万物贵生，寒暑代往，五行以成。故章为五色，发为五音；音声之作，其犹臭味在于天地之间。其善与不善，虽遭遇浊乱，其体自若而不变也。岂以爱憎易操、哀乐改度哉？及宫商集比，声音克谐，此人心至愿，情欲之所钟。故人知情不可恣，欲不可极，故因其所用，每为之节，使哀不至伤，乐不至淫。

在中国古代文化史上，《声无哀乐论》是一篇极有分量的音乐理论著作。他以当时流行的“清谈”方式，设计了“秦客”与“东野主人”之间的辩论，逐层递进，详细阐述了“声之与心，殊途异轨，不相经纬”“和声无象，而哀心有主”“声音自当以善恶为主，则无关于哀乐”的观点。

传统的儒家文化向来重视音乐，《礼记·乐记》中说：“凡音者，生人心者也。情动于中，故形于声。声成文，谓之音。是故治世之音安以乐，其政和；乱世之音怨以怒，其政乖；亡国之音哀以思，其民困。声音之道，与政通矣。”很显然，声音源自人的内心，又与时政相通，因此是有哀乐的。这是一直以来儒家文化的主流观点，但嵇康却说“声无哀乐”，算是一个“异端”。

嵇康很有才华，他通晓音律且擅长弹琴，《声无哀乐论》集中体现了他的音乐思想。他更强调音乐满足人们娱乐需求的功能，而不仅仅是教化的工具。他大胆肯定音乐的美感作用，重视对音乐自身表现手段的研究。他反对将音乐作为政治的附庸，主张为艺术而艺术。这些观点体现了强烈的音乐自觉和崇高的美学追求。

文史小贴士

嵇康

嵇康（224—263），字叔夜，三国时期魏国谯郡铚县（今安徽省濉溪县）人，文学家、思想家、音乐家，魏晋玄学、“竹林七贤”的代表人物。曾做过中散大夫，世称“嵇中散”。与阮籍并称“嵇阮”。后遭构陷，被司马昭所杀。著有《嵇康集》，在中国文学史上占有重要地位。

气势磅礴的永陵乐队

说到中国古代的乐队，必须介绍一支顶级宫廷乐队，这就是“永陵石刻乐队”，即人们津津乐道的“永陵二十四伎乐”。

这里的永陵指的是五代时期前蜀皇帝王建的陵墓，地点位于四川成都的西北，背靠武担山，面朝数重河流，坐北朝南。公元 918 年，王建病逝，享年 71 岁，归葬永陵。永陵是我国目前已知的唯一一座将墓室修建在地表之上的皇帝陵墓，规模宏大，其中出土的棺床石刻轰动海内外。在永陵棺床的南面、东面和西面，刻有一组完整的宫廷乐队：其中舞伎 2 人，乐伎 22 人；演奏的乐器有 20 种、23 件。在我国同类文物中，乐舞场面最大，乐器种类最多，气势最为恢宏，表现出晚唐五代宫廷乐队的盛大规模和壮阔场景。

先来看跳舞的两个人。当时乐队在演奏

时，配合舞蹈表演。这两位舞伎被雕刻在棺床的南面（正面），身着圆领上衣，华袂广袖，相向而舞，舞姿柔婉。从衣着打扮来看，她们的服饰比东、西两侧石刻上的乐伎略为华丽，皆披有云肩，这表明她们的地位高于乐队中的其他人。

接下来，主要看这支乐队。22 位乐伎所演奏的乐器可分为三大类：第一类是弦乐，有琵琶、竖箜篌、筝，共 3 种；第二类是管乐，有觱篥、笛、篪、笙、箫、贝共 6 种；第三类是打击乐，有拍板、正鼓、和鼓、齐鼓、毛员鼓、答腊鼓、羯鼓、鞉牢鼓、鸡娄鼓、铜钹共 10 种。另有吹叶又称“啸叶”1 种。

22 名乐伎，手持 23 件乐器，其中有一名乐伎手里同时演奏两件打击乐器（鞉牢鼓和鸡娄鼓），乐器种类多达 20 种。请你想象一下，这该是怎样的一支乐队——既有弦乐的柔美清澈，又有管乐的富丽堂皇，更有打击乐的强劲韵律；既有汉民族的传统乐器（筝、笛、箫）；也有少数民族的乐器（觱篥、羯鼓）；还有来自域外的乐器（竖箜篌、贝、铜钹）等，音色多彩，组合丰富，民族融合，中外融合。经由这一幕，我们似乎可以感受五代音乐之都的繁华与鼎盛。

诗文雅韵

赠花卿

唐·杜甫

锦城丝管日纷纷，

半入江风半入云。

此曲只应天上有，

人间能得几回闻。

唐朝前期，社会经济高度繁荣，文化艺术亦呈现出灿烂辉煌的局面。在这样的时代背景下，唐朝的音乐和舞蹈多彩多姿，盛极一时。这首诗从一个侧面反映出唐代成都歌舞之风盛行的热闹景象。

“花卿”即花敬定，是一员武将，时任成都尹崔光远的部将。据考证，此诗大约作于唐肃宗上元二年（761），杜甫来到成都后，参加了花敬定府上的宴请，被现场的乐舞表演深深触动，写下了这首《赠花卿》。“锦城”即锦官城，这里指成都，这座城市因蜀锦而闻名天下。前两句描写了锦官城里的管弦乐不绝于耳，从早到晚“歌舞升平”的景象。乐声一半散入江风，一半散入云层；管弦交替演奏，丝管流淌出的音乐之声，伴着川流不息的滔滔江水。清风吹过，白云悠悠，音乐的美妙，自然的恬淡，交织出一幅美丽画卷。后两句写诗人的感受，如此天籁之声，不禁让人感叹，美到极致，妙到极品，只应天上才有，人间极难听到。杜甫用夸张的手法，让诗意升华，给人带来无限遐想。

后人在解读这首诗的时候，也品出了“暗讽”和“批判”的味道，花敬定居功自傲，奢靡享乐，僭越皇权，擅用天子礼乐。一边是权贵阶级歌舞升平，一边是贫苦百姓艰难生活，真可谓“朱门酒肉臭，路有冻死骨”。

文史小贴士

王建

王建（847—918），前蜀开国皇帝。唐宣宗大中元年（847）二月初八出生于河南舞阳县王城岗一饼师家庭，少年时以屠牛驴和贩私盐为业，后从军。887年，任利州（今四川广元）防御使，夺取阆州和利州作为发展立足之地，初具实力。888年，受封永平军节度使兼讨逆大军都指挥使。891年，夺取成都，受封剑南西川节度使兼成都府尹。此后，经过多年征战，三川之地尽归其所有。公元903年，唐昭宗封王建为蜀王。907年，朱温杀唐昭宗，建立后梁。5个月之后，王建称帝，定都成都，国号大蜀，史称前蜀。公元918年王建病逝，享年71岁，谥号“高祖神武圣文孝德明惠皇帝”，安葬永陵。

十九人的管弦乐队，惊艳到你了吗

说到中国古代的乐队，有两幅画必须介绍：一幅是五代时期南唐画家顾闳中的《韩熙载夜宴图》，另一幅是周文矩的《合乐图》。

《韩熙载夜宴图》中有一个表现“清吹”的场景。所谓“清吹”，就是演奏笙笛类吹管乐器发出的清越之声。在这幅画的局部，细致地刻画了1名男乐工手执拍板指挥，3名女乐工吹筚篥，2名女乐工吹横笛。关于这几样乐器，这里简单介绍一下。“拍板”也称板，常以檀木制作，也称檀板。简单地说，就是几块手掌大小的木板，有的是九板，有的是六板，用绳穿在一起，自由开合，击打发声。“筚篥”是古代龟兹人发明的一种簧管乐器。“横笛”简单说就是横着吹的笛子，以区别竖着吹的笛子。你看这6个人，排列疏密有致，宛然一支训练有素的管弦乐队，从他们吹奏的动作中似乎可以感受到清丽、悦耳的管乐和声。

如果这支 6 人乐队还不够震撼的话，周文矩的《合乐图》则生动描绘了一支 19 人乐队的演出实况。显然，这是一支人数更多的宫廷管弦乐队，正中放置一面建鼓，一个人执槌敲击。“建鼓”是我国出现最早的鼓种之一，战国时代就已广泛使用。建鼓鼓声长而圆润，用一根木柱直贯鼓身，作为支柱。古时候军队作战，都是立鼓以指挥进退，“建”就是“立”的意思，所以称为“建鼓”。左右两边各有一组 9 人的“乐部”。左乐部的乐器分别有拍板、筚篥、横笛、羯鼓、笙、方响、筝、箜篌、琵琶，右乐部除一人吹尺八和左乐部吹筚篥者对应外，其余乐器相同。尺八是一种吹管乐器，类似于单管的洞箫。“羯鼓”是少数民族羯族的乐器，用公羊皮做鼓皮，所以叫羯鼓。“笙”是汉民族古老的簧管乐器。方响是由十六枚大小相同、薄厚不一的长方形铁片组成的打击乐器，分两排悬挂在架子上，用铁槌击打演奏。“箜篌”是一种古老的拨弦乐器。琵琶本是游牧民族乐器，秦朝时传入中原。

紫檀木拍板（清）

画家真是了不起，栩栩如生的人物和场景，帮助我们穿越时空，好似亲眼目睹了一场一千年前的音乐会。

韩熙载夜宴[1]

北宋·《宣和画谱》

是时，中书舍人韩熙载，以贵游世胄多好声伎，专为夜饮，虽宾客揉杂，欢呼狂逸，不复拘制。李氏惜其才，置而不问。声传中外，颇闻其荒纵，然欲见樽俎灯烛间觥筹交错之态度不可得，乃命闳中夜至其第，窃窥之，目识心记，图绘以上之。故世有《韩熙载夜宴图》。

作为一幅传世名画，韩熙载的故事流传千年。《韩熙载夜宴图》最大的特点是据实而画，好似一部纪录片，将南唐历史中一个生动的片段保留了下来。

韩熙载（902—970），字叔言，青州（今山东潍坊人），五代十国时期南唐政权的一名大臣。《宣和画谱》中的这段记载，解释了这幅画的由来，大意是：南唐后主李煜想要了解韩熙载的享乐生活，于是派顾闳中暗中观察，眼观心记，绘图呈上，所以有了这幅画。画作真实地再现了宴会的情景，仔细描绘了宴会上弹丝吹竹、清歌艳舞、主客糅杂、调笑欢乐的热闹场面。

1　节选自北宋《宣和画谱》，题目为本书作者所加。

文史小贴士

《韩熙载夜宴图》

《韩熙载夜宴图》是中国古代人物画的名作，相传为五代南唐画家顾闳中所作。该画作以连环长卷的方式，描摹了南唐巨宦韩熙载在家中开宴行乐的场景。

顾闳中，江南人，五代南唐中主李璟、后主李煜时期任画院待诏，与周文矩同为人物画大家。

《合乐图》

《合乐图》是中国古代画作，一般认为是五代南唐杰出的人物画家周文矩所绘。内容为描绘唐代宫伎合乐情景，右端有题记“唐周文矩乐图无上神品也。”

周文矩，建康句容（今江苏句容）人，大约活动于南唐中主李璟、后主李煜时期，后主时任翰林待诏，据史料记载，他“工画人物、车马、屋木、山川，尤精仕女”，是五代南唐杰出的人物画家。

宋代的“全能”小乐队

在宋代组乐队，小型乐队最受欢迎，人数不用太多，但是成员要多才多艺，最好是“全能型”选手，这与宋代独特的文化氛围有密切关系。

在宋代组乐队，一定要找文人加入。为什么呢？因为文人会写歌词呀！宋代是一个市民音乐文化极为活跃的历史时期，社会上最流行的演唱形式是“曲子”。这是一种可以填词的民间常用曲调，很多都是长期流传的民间歌曲，节奏活泼，形式自由，特别接地气。人们可以结合市井生活、民风民俗、世间万象，为这些曲调填词。为了在竞争激烈的演出市场收获更多粉丝，一大批文人加入到作词的队伍中来，他们发挥聪明才智，将文学与音乐结合起来。据不完全统计，当时专为曲子填写歌词的文人至少有200多位。

会填词、会唱曲子还不够，还要会说唱。没错，宋代有一种很流行的说唱形式叫作“鼓子词”，因歌唱时用鼓伴奏而得名。据史料记载，“鼓子词”的表现手法大致是这样的：用一段词牌写就的似散文的讲说，再来一段曲调的歌唱，交织呈现，一波既平，一波又起。“鼓子词”需要三个人以上进行表演，一人讲说或者兼唱，其他人做“歌伴”或同时“和”唱，并进行器乐伴奏。伴奏以鼓为主，还有管乐器和弦乐器。这些乐器相当丰富，既有传统乐器，如琵琶、方响、太平管、跋漆管、七星管、琴、杖鼓、羯鼓等；还有一大批造型别致、音色新颖的少数民族乐器，吹管乐器有夏笛、羌笛、小孤笛、竹笛、葫芦笙、卢沙、叉手笛、横箫、箫管、鹧鸪等，弹弦乐器有三弦、渤海琴、双韵、火不思、葫芦琴，打击乐器有云璈、由13面小锣组成的双合云锣，拉弦乐器有马尾胡琴。

如果你不想听这么热闹的，还有专门演奏乐器的社团组织“清音社”。比较优雅的器乐合奏是“细乐”，用箫管、笙、嵇琴、方响之类的乐器演奏。还有一种“小清新”式的演奏方式，1—2个人演奏的管乐器与弦乐器的重奏，被称为“小乐器”。宋代真是一个乐队超级发达的时代，市井街区、瓦肆勾栏，都有乐队的身影，反映出宋代文化的多姿多彩。

暗香

南宋·姜夔

辛亥之冬，予载雪诣石湖。止既月，授简索句，且征新声，作此两曲。石湖把玩不已，使工妓隶习之，音节谐婉，乃名之曰《暗香》《疏影》。

旧时月色，算几番照我，梅边吹笛。唤起玉人，不管清寒与攀摘。何逊而今渐老，都忘却、春风词笔。但怪得、竹外疏花，香冷入瑶席。

江国，正寂寂。叹寄与路遥，夜雪初积。翠尊易泣。红萼无言耿相忆。长记曾携手处，千树压、西湖寒碧。又片片、吹尽也，几时见得。

姜夔（约1155—1209）是南宋中期的著名词人，字尧章，号白石道人。他多才多艺，兼工诗词，虽然一生不曾做官，名气却极大。

开篇的这段小序，讲到了写作缘由：辛亥年的冬天，姜夔冒雪到石湖拜访范成大，停留了一个月，在范成大的约请下，他写作新词，配上新的曲谱，于是有了这两首作品，范成大十分欣赏，命家中的乐工歌妓，反复演练，音节和谐哀婉，被命名为《暗香》《疏影》。很显然，“暗香”与“疏影”出自北宋诗人林逋咏梅诗的名句：“疏影横斜水清浅，暗香浮动月黄昏。”据说，《暗香》虽是咏梅，却也是在书写一段逝去的旧日恋情，是姜夔为怀念当年在合肥的恋人而作。词的上片以回忆开篇，在优美清雅的场景中，将昔日的美好定格，流露出对那时那人的深切怀念。词的下片围绕“忆旧”转而抒发追忆与眷恋之情，在结尾处以绝望的感叹和遗恨收笔，反映出内心刻骨的悲痛。词中以“旧时”“几番”“而今”“怪得”“几时”等词语完成了时间结构的跳跃，以“旧时月色”三句，“唤起玉人”二句，“长记曾携手处”三句等，将人与事、情感与情境巧妙相联，将一段刻骨铭心的爱情表达得淋漓尽致。

姜夔也是一位出色的音乐家，他的词集《白石道人歌曲》中有十七首词带有音乐旁谱，是流传至今唯一可靠的宋词音乐作品；其中有十四首是他自己谱曲填词的作品，这里面就包括《暗香》。在宋代，词是一种音乐文学形式，最初叫“曲子词”，是用来歌唱的，因此宋人说“长短句宜歌不宜诵”。

文史小贴士

瓦肆勾栏

宋代的市民文化生活十分丰富，都城开封城内有许多娱乐兼营商业的场所，叫“瓦子”。大的瓦子可容纳几千人，瓦子中圈出许多专供演出的圈子，称为“勾栏”。勾栏内商业广告琳琅满目，各种艺人在这里卖艺谋生。瓦子里还有许多摊位，经营各种生意，十分热闹。

史上最强智力游戏：麻将的前世今生

2017 年 4 月，国际智力运动联盟接纳国际麻将联盟成为正式会员，作为中国传统棋牌代表的麻将成为继桥牌、国际象棋、围棋、象棋和国际跳棋之后第六个世界智力运动项目。此后，推动竞技麻将等智力运动进入冬奥会成为一个愿景。近年来，竞技麻将亦成为游戏 AI 研发领域的热点话题，甚至成为计算机博弈大赛的比赛项目之一。在传统民俗中，麻将是百姓喜闻乐见的休闲娱乐活动，每逢节日或聚会，亲朋好友一起打几圈麻将，热闹热闹。有人会问，这麻将究竟是打哪来的呢？

中国古代有“博戏”，这是一种赌输赢、角胜负的民间游戏。《史记》记载，博戏的产生至少在殷纣王之前。最早的博戏叫“六博”，有六支箸和十二个棋子，箸是一种长形的竹制品，类似于今天打麻将牌时所用的

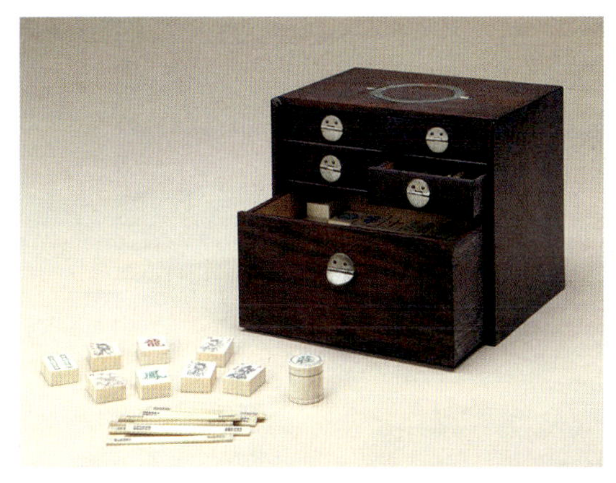

象牙麻将牌（清）

骰子（俗称“色子”）。

唐朝时有一种用六个骰子合成各种名目以决胜负的戏娱方法，称为“骰子格”。在骰子格的基础上，宋徽宗宣和年间产生了骨牌，即现在一些地区仍流行的天九牌。明朝后期，盛行马吊牌，这是一种纸牌，全副牌四十张，分四种花色，四个人打牌，有庄家、闲家之分。由马吊牌衍生出一种默和牌（也叫默合牌），徐珂《清稗类钞·赌博类四》记载了这种牌的玩法。据说，无论是玩马吊牌还是玩默和牌，入局者均要气静声和，万万不得喧闹，更容不得争吵，所以有“无声落叶”之称：“思深于围棋，旨幽于射覆，义取于藏钩，乐匹于斗草，致恬于枭卢抛掷，非按普深索，则不能悉其委曲，浅夫稚子厮养之卒，不足以与此也，故士大夫尚焉。”默和牌的形式与麻将牌已经十分相似，有研究者认为麻将牌就是由此改造、演化而来。

相传，麻将的发明与“郑和下西洋”有关。1405 年至 1433 年，明代航海家、外交家郑和率船队七次远航，先后到达亚洲和非洲的 30 多个国家和地区，最远到达非洲东海岸和红海沿岸。“郑和下西洋”的时间之长，规模之大，堪称世界航海史上的壮举。这支当时世界上最强大的海军舰队，不曾占领别国

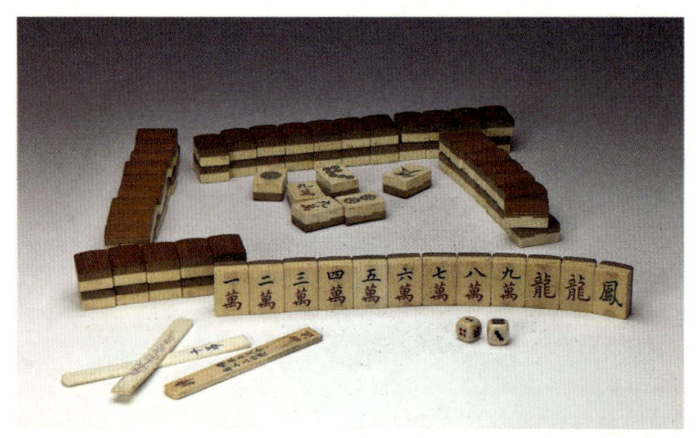

骨质麻将牌（清）

一寸土地，所到之处没有战争和鲜血，只有和平和友善，用行动征服了沿海几乎所有国家。“郑和下西洋”生动诠释了战争与和平、军事与外交、经略海洋与国家命运之间的辩证关系，开创了西太平洋与印度洋之间的亚非海上交通线。航线漫长，为稳定军心，郑和发明了一种娱乐工具：以纸牌、牙牌、牌九等为基础，用100多块小木片为牌子，以舰队编制，分别刻了一至九“条”；然后又以船上装淡水桶的数量，分别刻了一至九“桶”（筒）；根据风向，刻了“东西南北”四个风向；又以吸引人的金钱刻了一至九“万”，以“大中华耀兵异域”的口号刻了红色的“中”，还根据一年四季刻了四个花牌；最后有一块牌不知道刻什么好，就不刻任何东西，这个就是“白板”。后来，全船官兵都开始玩此游戏，船上有一个姓麻的将军，玩这个游戏得心应手，于是郑和给这个游戏命名“麻大将军牌”，就是后人所谓的“麻将牌”。

另有一传说，麻将牌源于江苏太仓的“护粮牌”，又称“麻雀牌”。当年，在江苏太仓曾有皇家的大粮仓，常年囤积稻谷。为了防范麻雀等小鸟啄食粮仓造成损失，管理粮仓的官吏奖励捕雀护粮的人，以竹制的筹牌记捕雀数目，凭此发放酬金，这就是太仓的“护粮牌”。筹牌上刻着各种符号和数字，用来记录粮仓捕雀者的奖励，分为筒、索、万三种。筒的图案源于火药枪的横截面，几筒则表示几支火药枪；索是指用细绳串起来的雀鸟，表示消灭了多少雀患，因此一索的图案以鸟代表，几索就是几束鸟，奖金就按鸟的多少计算；万是赏钱的单位，几万就是最终领到的赏钱数目。这种牌渐渐具有娱乐作用，发展为如今的麻将。

传说归传说，麻将作为一种传统的民间娱乐形式，玩玩是可以的，但若沉迷其中，或嗜赌成性，可就背离娱乐休闲的初衷了。

诗文雅韵

麻将经

清·佚名

麻雀何难打，只求实者虚。逢和须要算，死听不为输。三项家家大，双风对对符。自摸清一色，喜煞牧猪奴。今日赢钱局，排排对子招。三元兼四喜，满贯通全幺。花自杠头发，月从海底捞。散场须远避，竹杠怕人敲。素有盘龙癖，得闲打八圈。上家六合占，本位自输钱。勒子看人倒，病张摊我拈。不如加两点，或可有连庄。又唱竹林戏，讴歌逸兴赊。四圈输八吊，一客累三家。包子连连吃，头头屡屡拿。不愁输得苦，明日早早来。

这首《麻将经》出自清末民初徐珂编撰的《清稗类钞·赌博类》，生动、形象地描述了人们玩麻将时的心态以及玩牌技巧，可见诗人对玩麻将相当熟谙。“三项家家大”中的“三项”指中发白，“喜煞牧猪奴”中的“牧猪奴”是对赌徒的鄙称。“花自杠头发”即所谓的“杠后开花”，指开杠后自摸和牌；“月从海底捞”即所谓的“海底捞月”，指只剩一张牌而自摸成牌。“素有盘龙癖”，当时人称打麻将为摆盘龙阵；“病张摊我拈”，玩牌时三项大张难以打出的为“病张”；“讴歌逸兴赊”指有些地区打麻将的时候，玩家有唱牌的癖好，西风则唱“西瓜玻璃泡”，北风则唱“北关桥下水滔滔”。

文史小贴士

博戏

博戏是古代掷采游戏的总称，其项目繁多，玩法各异。综观各类博戏的玩法，最基本的特点是需要掷采，先秦及汉代用箸，之后通用骰子。

《清稗类钞》

《清稗类钞》是徐珂编撰的一部清代逸闻趣事汇编，其中搜集了数万种清人文集、笔记等，还包括大量的清末民初新闻报刊，“事以类分”“类以年次”，共计九十二类、一万三千余条、三百万字。

古代“冰箱”颜值高

民间流传着这样一种说法，唐天宝（742—756）年间，唐玄宗宠爱杨玉环，为满足爱妃吃到新鲜荔枝的喜好，命人建起了一条专供荔枝运输的驿道，后人称之为“荔枝古道”。杨贵妃的高祖曾为金州刺史，其父为蜀州司户，她生于蜀，幼年长于蜀，喜好吃蜀地出产的鲜荔枝。据说当年涪州（今重庆涪陵）出产荔枝，每到成熟季节，负责运送荔枝的驿使就将采摘下来的新鲜荔枝放进竹筒内，沿着驿道快马加鞭，日夜兼程，三十里一换人，六十里一换马，确保在最短的时间内，把新鲜的荔枝送达长安。

其实，竹筒保鲜只是古人保鲜食物的方法之一。早在2400多年前，我国古代就有了“冰箱”。当然，和今天的电冰箱不是一回事，古人把这种保鲜神器叫作“冰鉴”。《周礼》

记载，“冰鉴”外形类似盒子，内部是空的，只要把冰放在里面，然后把食物放在冰的中间，就可以保存食物了。

1978年，湖北随州擂鼓墩发现一座战国墓地，即“曾侯乙墓”。其中，“曾侯乙青铜尊盘”被誉为当时最复杂、最精美的青铜器件。在尊与盘之间有较大的空隙，夏天可以放入冰块，冬天则贮存温水，尊内盛酒，这样就可以喝到冬暖夏凉的酒。还有一对“曾侯乙冰鉴”，铸造十分精美。这是一种复合器物，就是把两件器物套合组装在一起。外套是一件青铜鉴，中心是一件青铜缶，鉴和缶之间的空间很大，用来放冰；缶内盛满美酒，这样就起到冰镇的作用，堪称最早的“冰箱”。

柏木冰箱（清）

沈阳故宫博物院珍藏着清朝乾隆皇帝用过的“冰箱”。箱体外部为掐丝珐琅，遍饰缠枝宝相花纹，艳丽多彩。箱盖的边缘饰以鎏金，阳刻楷书“大清乾隆御制”六字款。这只乾隆御制掐丝珐琅（俗称景泰蓝）冰箱，乍一看和一般的精美匣子没什么两样，里面却大有名堂。冰箱为木胎、铅里，底部一角有一小圆孔，为冰化时泄水之用。夏季来临，冰箱内置冰块，通过盖面的两钱纹孔，来散发冷气以达到降温的目的。乾隆皇帝东巡，去木兰围场打猎，又行至盛京（今沈阳）时，所猎获的野味就保存在这个“冰箱”里。别看这匣子不大，却能装几十斤的东西。

古代贵族的生活离不开冰。《周礼·天官》记载：凌人掌冰政，以供祭祀宾客。“凌人”是专门负责取冰、藏冰、用冰的官员，而冰的用途主要是为祭品和食物保鲜。此外，“大丧供夷盘冰”，即在丧礼上用冰来冷却尸体。《左传·襄公二十一年》记载，薳子冯装病，“方暑，阙地下冰而床焉。重茧衣裘，鲜食而寝。”薳子冯不想做楚国的令尹（楚国执政官名，掌军政大权，类似于后世的宰相），大夏天挖个地下室，把冰块搁在床下，自己穿着两层棉袍，还裹上皮大衣，搞成一副身体虚弱的样子。这个故事反映了古人用冰给室内降温的情形。

古人取冰都在冬天，或取自河湖，或取自山谷。然后，藏冰于特定的地方，《诗经·豳风·七月》称之为“凌阴”，汉代称“冰室”，汉唐时期亦有“冰井”，明清则称“冰窖”。《大清会典》记载，清代北京城内共有18座官家冰窖，专供皇家和王公大臣用冰。不论官窖还是府窖、商民窖，都是在冬天采集冰块，存入地窖中，夏天拿出来使用。

明清时期，民间用冰得到了很大普及。古人为了消夏，还开发出一系列冷饮。比如吃“冰核儿”，就是直接吃冰，冬天窖藏的冰块，三伏天取出来，拌上白糖和香料供人食用。此外，还有“冰镇酸梅汤”也很盛行。在一些地方，卖冰人以铜盏相碰的声音招揽顾客。清代诗人王士祯曾吟诗赞道：“樱桃已过茶香减，铜碗声声唤卖冰。”

诗文雅韵

都门竹枝词

清·郝懿行

底须曲水引流觞，暑到燕山自解凉。

铜碗声声街里唤，一瓯冰水和梅汤。

清代学者郝懿行在诗中描绘了一幅市井消夏图：盛夏时节的北京街头，卖“冰梅汤”的摊主手里拿着一对小铜碗，不时敲击发出“铮铮”的声响，路人听到这个声音，就已经在脑海里产生了“望梅止渴”的想象，买上一碗喝下去，暑气全消。现如今闻名天下的“酸梅汤”，在清代还是全手工制作，经清宫御膳房改进后传入民间，具有除热、送凉、祛痰、止咳的功效。后来，北京的大街小巷、干鲜果铺的门口，随处可见卖酸梅汤的摊贩。

摊主用来叫卖的铜碗叫作“冰盏儿”，又称“冰碗儿”，是以生黄铜制成的碟形碗，直径大概三寸左右。这种铜碗不是用来盛放冰食的，而是两只碗叠在一起，专门用来敲击作响以代替吆喝的。据老北京人回忆，将一只手的中指、无名指夹在两只铜碗中间，用拇指、食指护着碗的一侧，用小指托住下面的碗底，一上一下不断敲击下面的铜碗，掂打发出清脆的“铮铮”的响声，声音有抑有扬，富有节奏感，闻之悦耳，别具韵味。

文史小贴士

驿道

驿道亦称古驿道，是中国古代陆地交通的主要通道，兼属重要的军事设施之一，主要用于运输粮草物资、传递军令军情，便于传车驿马通行，沿途设有驿站。驿道设置始于秦代，至今已有两千多年历史。

《周礼》

《周礼》亦称《周官》《周官经》《周官礼》，是现存儒家十三经中的一部经典，我国第一部系统、完整叙述国家机构设置、职能分工的专书，被誉为“上古文明的百科全书”。

景泰蓝

景泰蓝亦称珐琅，是一种享誉世界的中国工艺品，于明朝景泰年间发展起来，因当时使用的釉色多是宝石一样的蓝色，所以人们把这种工艺品称为“景泰蓝”。

千金难买的“东珠”，和珅私藏竟被赐死

在清代，有一种珠宝堪称皇家第一尊崇，所谓“一首之饰，盈千金之价”，这就是千金也难买的“东珠”。

东珠，满语为“塔娜”，在清代被视作宝中至宝，稀世奇珍。东珠来自白山黑水，出产于松花江、黑龙江、乌苏里江、鸭绿江流域，是产于满族故土的宝贝。所以，清王朝将产自于东北地区的珍珠称为“东珠”，亦被称为

金镶东珠耳环（清）

貂皮嵌珠皇后冬朝冠（清）

“北珠、大珠、美珠”，用以区别产自南方的“南珠”。

这是一种淡水珍珠，与一般珍珠相比，更加晶莹透彻、圆润巨大，因而更显王者尊贵。优质的“东珠”个体硕大饱满、圆润晶莹，并且能散发出五彩光泽，用它制成的首饰光彩熠熠，尽显高贵奢华。因此，在皇帝和后妃的首饰中得到普遍使用。举例来说，清代皇后、皇太后的冬朝冠，就是在冬天正式场合戴的帽子，通常要缀饰珍珠约三百颗，其中冠顶镶嵌东珠十三颗左右，其他珍珠五十一颗左右。余下的包括耳饰、朝珠等，也要用东珠来镶嵌，以显示皇家的威仪。东珠朝珠是所有材质的朝珠中等级最高者，只有皇帝、皇后、太上皇、皇太后才能佩戴，即使贵为皇子、亲王，也不得使用，足见东珠的珍贵。

东珠朝珠（清·咸丰）

清太祖努尔哈赤曾说：“鸭绿江自山南西流入辽东之南海，混同江（松花江支流）自山北流入北海，爱滹江东流

金环镶东珠耳饰（清）

入东海，三江孕奇毓异，所产珠玑珍贝为世宝重。”（《清太祖高皇帝实录》）意思是说，这鸭绿江、松花江、爱滹江三江流域，孕育了瑰丽奇秀的自然宝藏，这里出产的珍珠最为珍贵。

乾隆皇帝曾说：“东珠出混同江及乌拉宁古塔诸河中，匀圆莹白，大可半寸，小者亦如菽颗。王公等冠顶饰之，以多少分等秩，昭宝贵焉。”说这东珠产自东北一代，圆润晶莹，大的直径超过半寸，小的也像豆子那么大。王公贵族的顶冠用此装饰，以镶嵌东珠的多少来区别地位等级，彰显尊贵奢华。

金镶珠宝帽顶（清）

“东珠”的采捕十分艰辛，尤其是上等的东珠更是来之不易。乾隆皇帝在御制诗《采珠行》中发出感慨：“百难获一称奇珍”，足以见得东珠的珍贵。清代《内务府奏案》记载，乾隆二十五年，打牲乌拉（地名，位于今吉林省吉林市北）共捕得东珠二千一百一十九颗，头等

金龙形帽顶（清）

金嵌珠“万寿无疆”杯盘（清）

东珠仅二十三颗；乾隆二十六年，捕得东珠二千颗，头等东珠仅十八颗。这优质东珠的比例，不过是百分之一。

正因为东珠的稀有，清代对东珠的供应严格控制，从捕捞到使用，全部由皇家垄断，严禁普通民众使用。采珠时节更加派人手对产珠的河口沿河巡查，防止偷采。一旦发现有人私带东珠，即刻交刑部治罪。当年，大清王朝的头号贪官和珅被嘉庆皇帝赐死，其二十大罪状中就有一条：“家内所藏珍宝，内珍珠手串，竟有二百余串，较之大内多至数倍，并有大珠，较御用冠顶尤大”。什么意思呢，说皇上派人抄了和珅的家，结果搜出来的东珠手串两百多串，比皇上宫里的还多。而且里面包括一些品相超

紫檀嵌玉三镶如意（清）

好、个体巨大的东珠，比皇家帽子上的东珠都漂亮，你这和珅真是吃了熊心豹子胆，竟敢私藏珍珠、僭越皇权，气死朕了！

由于清朝宫廷大肆消耗“东珠”，到了嘉庆、道光年间，品相好的“东珠”就越来越少了，以至于到同治以后，东珠的资源日益枯竭。加之清朝末年，内忧外患，外国列强掠夺东北，最终使得拥有千年历史的东珠采捕业走向消亡。今天，我们再度回溯这颗熠熠闪光的“东珠”，更应该知晓山川秀美、物华天宝，民生辛苦，历史沧桑。

诗文雅韵

采珠行

唐·元稹

海波无底珠沉海，采珠之人判死采。

万人判死一得珠，斛量买婢人何在。

年年采珠珠避人。今年采珠由海神。

海神采珠珠尽死，死尽明珠空海水。

珠为海物海属神，神今自采何况人。

在古代，很早就有“鲛人采珠”的说法。“鲛人”源自民间传说，指一种潜居海底、会纺绢绡、有文身的特殊族群，后来专指以采珠为生的人，即“鲛户”或“珠户”。《后汉书·孟尝传》记载了一个“合浦还珠”的故事，说的是合浦地处海边，盛产珍珠。当地官员为了获利，指使人们大肆开采珍珠资源，导致合浦一带海域竟无珠可采，采珠人被迫到临近的郡县去寻找珍珠。后来，孟尝到合浦担任太守，革除过去的弊端，才使得珍珠资源得以恢复。一方面，这个故事说明古代社会把珍珠视为“奇货可居”；另一方面，也反映出在暴利驱使和官府压迫的夹缝中生存，采珠人的生活十分艰辛。面对惊涛骇浪和鱼龙水怪，采珠人经常是拿着生命做赌注，历尽千辛万苦把珍珠采回来。因此，历代诗人都表现出对采珠人的同情，元稹的这首诗就是其中之一。

“判死”即“拼死”，仅仅两个字，却有力地揭示了采珠人冒死采珠的真实境遇。“万人判死一得珠，斛量买婢人何在”，“斛量买婢”指的是西晋富翁石崇以三斛明珠聘绿珠女为妾的故事，此两句将豪绅的一掷千金与采珠人的拼死一搏形成鲜明对比。元稹的诗作笔触精练，文思敏捷，当年与白居易齐名，并称“元白”。此诗撷取社会生活的一个侧面，反映了尖锐的社会矛盾，具有凝重的历史感和深沉的忧患意识。

文史小贴士

《内务府奏案》

《内务府奏案》是清代总管内务府大臣或所属各司院官员向皇帝报告宫廷事务的奏折、奏片、清单及底稿或抄件等，是内务府报告经办各项事宜，经皇帝批回

（奉旨单）后，由文书办事人员立档整理存案备查的文件。是内务府衙门具奏原件奉旨后与办理相关事宜的其他文种的文件，按事立案组卷所形成的档案。是内务府档案的一个重要组成部分。

《内务府奏案》是目前馆藏清代档案中基本保持原状、没被拆包打乱的档案之一，为我们现在了解清代的档案管理状况提供了素材。

内务府是清代掌管宫廷事务的机关，始设于清初，宣统三年（1911）辛亥革命推翻了清王朝，但因溥仪仍居宫中，因此内务府继续存在。至溥仪被驱逐出宫，内务府才停止活动。

一只海东青，秒杀十万神鹰

说到东北的丰富物产和神奇生物，有一种极具传奇色彩的鸟，叫“海东青”。

海东青，中文名鹘应，满语中叫“雄库鲁”，意为世界上飞得最高和最快的鸟。满族先民将“海东青”奉为“万鹰之神”，作为一种图腾崇拜，传说中十万神鹰才出一只“海东青”。

有研究者认为，海东青不特指某一种具体的鸟，有点类似于汉民族的凤凰图腾崇拜，很可能是远古先民对那种巨大鸟类的尊崇与敬畏。《山海经》曾记载，在蛮荒之地有一种神鸟叫“九凤”，也许这就是海东青的原型。只不过在后世，人们逐渐驯化了一些鹰隼，“海东青”才慢慢与一些具体的鸟关联起来。所以，也有人将隼科的一种鸟“矛隼”，认定为是“海东青”。

玉海东青啄雁饰（金）

《本草纲目·禽部》记载“雕出辽东，最俊者谓之海东青”，这说明海东青外形雄壮矫健。《异域录》说，海东青“有雪白者，有芦花者，有本色者”，这说明海东青羽毛华美，且多种多样。也有人说，海东青中以纯白的“玉爪”为上品，另有秋黄、波黄、三年龙等名目。综合各种文献记载，海东青这种鸟，特点很明显：身形矫健、强壮有力，飞行速度快，嘴尖爪利，善于捕捉猎物，堪称北国天空的霸主。

在辽代，海东青常用于帝王狩猎，被视为珍禽。据说，辽代的皇帝每年春天在鸭子河附近（松花江一带）放飞海东青猎捕天鹅，捕到第一只天鹅，要摆宴庆贺，名曰“头鹅宴”。金、元时期，女真族和蒙古族的贵族也有用海东青捕猎的习俗。由于海东青不易捕捉且难以驯化，在金、元时期甚至有这样的规定：凡触犯刑律而被放逐到辽东的罪犯，谁能捕捉到海东青呈献上来，即可赎罪，“传驿而释”（就地释放的意思）。因此，当时的可汗贝勒、王公贵戚为得名雕不惜重金，成为一种时尚。

想当年，辽代的皇帝每年都要派人到女真部落去捕捉或索要海东青，加之横征暴敛，飞扬跋扈，加剧了女真部落与辽国统治者的矛盾，激起了女真部落的反抗，最终经历了金灭辽的沧桑巨变。在许多古代文献中，海东青被描写为一种英勇剽悍的猎鹰。李白的诗句“翩翩舞广袖，似鸟海东来”，写的就是海东青。金代有诗描写海东青扑击天鹅的场面：“抟风玉爪凌霄汉，瞥目风毛堕雪霜”，展现了海东青展翅云霄、勇猛剽悍的风采。吴承恩的《西游记》里，也写到过海东青：“成群引着犬，满膀架其鹰。荆筐抬火炮，带定海东青。”清朝的康熙皇帝曾写诗赞美海东青：“羽虫三百有六十，神俊最属海东青。性秉金灵含火德，异材上映瑶光星。”说这种神鸟性情刚毅而激猛，其优秀品质可与天上的星星相映生辉。

驯化海东青是一个艰苦的过程，驯鹰人要想尽办法与猎鹰磨合，才会让猎鹰助主人一臂之力。而展翅翱翔天际的鹰隼，正依托着北方民族勇敢、智慧、拼搏、进取的精神品质。

诗文雅韵

海东青

宋·顾逢

相传产海东，不与众禽同。

两翅飞腾去，层霄顷刻中。

转眸明似电，追马疾如风。

坠得天鹅落，人皆指远空。

“御用监造”玉海东青啄雁饰（明）

在中国传统的文学创作中，充满了“象征性表达”，形成了一套独具特色的“象征符”体系，沉淀为一种宝贵的精神遗产。

中国古人看待山水、树木、飞禽、走兽都取其背后的象征意味，作为鹰隼的“海东青”亦是如此。这种鸟身形矫健、强壮有力，飞行速度快，嘴尖爪利，善于捕捉猎物，与人们向往的“搏击长空”“凌云之志”“迅捷勇猛”“纵横天地”等精神不谋而合，所以才会有“万鹰之神”的说法，在追求更快、更高、更强的进化链条上，在物竞天择的自然环境中，十万只神鹰才出一只“海东青”。李白《观放白鹰二首》中有“寄言燕雀莫相啅，自有云霄万里高”，柳宗元的《笼鹰词》写得也很生动：“凄风淅沥飞严霜，苍鹰上击翻曙光。云披雾裂虹霓断，霹雳掣电捎平冈。砉然劲翮剪荆棘，下攫狐兔腾苍茫。爪毛吻血百鸟逝，独立四顾时激昂。炎风溽暑忽然至，羽翼脱落自摧藏。草中狸鼠足为患，一夕十顾惊且伤。但愿清商复为假，拔去万累云间翔。”

象征能力是人类特有的基本能力，通过这种能力，人们能够发现宇宙和社会万事万物的象征关系，并从个别事物和眼前事物、从包罗万象的具体性和千变万化的多样性的束缚中把自己解放出来，进入一个自由的传播境界。

文史小贴士

《异域录》

《异域录》是清代政治外交家、旅行家图理琛撰写的一部游记。

康熙五十一年（1712），康熙皇帝特派内阁侍读图理琛等前往伏尔加河下游土尔扈特部，颁发谕旨，进行探望。是年五月二十日启程，至康熙五十四年（1715）三月二十七日回到京师，其间大约三年的时间，图理琛实地考察了蒙古高原、西伯利亚、乌拉尔山地以至伏尔加河下游一带。回到京师后，康熙令他将所写材料付梓成书，书名《异域录》。《异域录》文字简洁，不到三万字，扼要地记述了此行所经各地的山川地势、道路远近以及风俗物产等情况。全书除对蒙古有少量的记载外，绝大部分的篇幅都是关于沙俄情况的观察记述。

图理琛（1667—1740），字瑶圃，姓阿颜觉罗，清朝满洲正黄旗人。

古代宫廷的御猫，来头可不小

台北故宫曾举办“国宝再现：书画菁华特展”，其中几幅宋代国宝猫画，让现代爱猫人士瞧见了宋代喵星人的模样。研究发现，将猫咪的形象入画，最晚从唐代便开始；其中以宋代的猫画，最为细腻写实。猫咪成为皇家的宠物，始于西汉，在唐、宋两代逐渐兴盛。

早在西汉皇宫便开始养猫。自唐朝以后，

乾隆款画珐琅猫蝶图烟壶（清·乾隆）

朱耷猫石图卷（清）

养猫、逗猫流行一时，朝廷还曾将一对白猫当作珍贵的外交礼物，赠予日本。一开始，武则天特别喜欢猫，还在宫中豢养着一群从各地收集的极品名猫。可是，据新、旧《唐书》记载，武则天在政治斗争中与王皇后、萧淑妃等人结仇，上位后对二人施以酷刑，萧淑妃临死前咒骂武则天，说自己死后化身为猫，咬断武则天的喉咙来报仇。这以后，武则天噩梦连连，索性下令宫中不准养猫。

宋代的宫廷中，养猫比较常见。宋代出现了一大批描绘猫咪的画作，有一些流传至今。其中，以北宋画家易元吉的猫画最为出名。在宋徽宗时期的《宣和画谱》中，就收录了易元吉创作的《写生戏猫图》《鸡冠戏猫》等十多幅栩栩如生的作品。

端石猫蝶砚

明朝出现了好几位爱猫

的皇帝。明朝第五位皇帝、明宣宗朱瞻基亲笔画过一幅以猫为主题的画——《花下狸奴图轴》。画中，两只猫儿蹲踞于石下，具有宫廷御猫特有的慵懒高贵气质，眼睛明亮而有神采，呼之欲出，惟妙惟肖。而明朝第十一位皇帝、明世宗嘉靖帝朱厚熜更是一位爱猫如命的皇帝，为了养好宫猫，这位皇帝专门在宫里创办了养猫管理机构“猫儿房”。猫儿房的首要职责是伺候好这些宫廷御猫，还要从这些宫猫中选拔出佼佼者，献给皇帝。后来，“雪眉”和“狮猫”两只御猫被嘉靖帝选中，跟在御前御后，与天子同吃同住。“雪眉”死后，嘉靖帝悲痛不已，将其葬于万岁山，并立碑刻文，题名虬龙墓。到了万历年间，宫廷里养猫爱猫之风达到极盛。

雍亲王题书堂深居图屏·
捻珠观猫轴（清）

由于猫跟“耄耋”的“耄”同音，“耄耋”指七八十岁的长者，所以“猫”的读音寓意健康长寿；牡丹象征富贵吉祥，所以在中国古代画作中猫与牡丹同框，寓意长寿富贵。因猴子的“猴”与“王侯”的“侯”字同音，寓意“封侯”，所以在中国古代画作中，猫、猴同框，寓意高官厚禄与长命百岁。

可见，这宫廷里的猫咪，还有许多吉祥的寓意呢。

十一月四日风雨大作

宋·陆游

其一

风卷江湖雨暗村，四山声作海涛翻。

溪柴火软蛮毡暖，我与狸奴不出门。

其二

僵卧孤村不自哀，尚思为国戍轮台。

夜阑卧听风吹雨，铁马冰河入梦来。

在陆游的诗句中，猫咪不再是一个象征吉祥的符号，猫咪的那种慵懒、蜗居、无所事事、柔弱驯服，恰恰是作者最不希望看到的人生的“至暗时刻”。陆游的一生经历了北宋二朝、南宋四朝，国家始终处在苟安求和的局面当中，他的一生充满失意，满腔的爱国热血无处托付，只能在诗文中纵横捭阖、慷慨陈词。

第一首诗主要写十一月四日的大雨和诗人的处境，大风裹挟着江湖上的冷雨，天地间一片昏暗，四周山上的瓢泼大雨掀起巨大声浪，恰恰反映了诗人内心炽热的情感和强烈的呼唤，为国出力、光复中原，壮志难酬，不胜唏嘘。天气如此阴冷，诗人没有出门，只是生柴取暖、裹毡蜗居，身边还有一只慵懒、驯服的猫咪，炽热的理想与无奈的现实形成鲜明对比，诗人内心的痛苦与焦灼可想而知。

第二首诗以“痴情化梦”的手法，深沉地表达了作者的一片赤胆忠心。此时的陆游已经年近七十，依然充满豪情、老而弥坚。穷居孤村，躺卧不起，不为自己的处境而伤感，念念不忘国之边关。直至他的绝笔《示儿》，仍以“九州同”为盼，热切期待终有“王师北定中原日”的那一天。

可以说，陆游终其一生，都在用他的诗文谱写铁血丹心，梁启超曾在诗中评价到：“诗界千年靡靡风，兵魂销尽国魂空。集中什九从军乐，亘古男儿一放翁”。（《读陆放翁集》）

文史小贴士

《宣和画谱》

《宣和画谱》是北宋宣和（1119—1125）年间由官方主持编撰的系统记录宫廷藏画的著作。书中共著录魏晋至北宋画家231人，作品总计6396件。并按画科分为道释、人物、宫室、番族、龙鱼、山水、畜兽、花鸟、墨竹、蔬果10门。每门画科前均有短文一篇，叙述该画科的起源、发展、代表人物等，然后按时代先后排列画家小传及其作品。《宣和画谱》不仅是我国历史上第一部系统记录宫廷藏画的巨著，还是一部传记体的绘画通史，对于研究北宋及其以前的绘画发展和作品流传有重要的史料价值。

故宫没有“不透风的墙”

俗话说得好，“世上没有不透风的墙”，原以为这只是一种比喻，但仔细研究才发现，中国古代的宫殿竟然有很多墙真的是“透风”的。

位于北京的“紫禁城”是明清两代的皇宫，今人称之为“故宫”，至今已有六百年的历史。“故宫”古建筑是世界上现存规模最大、保存最完整的木质结构建筑群。古人选择用木头造皇宫，是有充分考虑的：木材具有良

养心殿（明·嘉靖）

好的抗弯性、抗压性和韧性。在建筑工序上，通常是先安装木柱柱网和梁架，再砌墙；古建筑的墙体很厚，在与木柱相交的位置附近，砌墙时往往会把柱子包起来。

但是，木材也有一个缺点，就是怕潮湿、易腐朽，尤其是封闭在墙体里的柱子，如果不经常通风干燥的话，很容易糟朽。因此木结构的宫殿群面临的首要问题，必须让建筑的木构件始终处于一个干燥通风的环境，才能保证它的延年益寿。为了解决这个问题，古代工匠利用砖料巧妙地制作了一种“空气循环器”，就是一堵堵“透风的墙”。

2019 年 1 月，研究人员在故宫养心殿研究性保护修缮项目中意外发现了两本打卷的戏折、一张细窄条幅及成沓的纸张。这些珍贵文物的存放之所，竟然是养心殿西配殿南山前檐的金柱砖雕“透风”内。

养心殿（明·嘉靖）

“透风”又称“柱窗”“透气儿”“通风口”，是明清宫廷建筑中常见的一种建筑构件。“透风”通常为陶质，青灰色，尺度大小不一，多为长方形或方形，是一块镂空图案的砖雕。“透风”的四周会留出边框，边框内以剔地线雕与透雕技法结合，刻镂出花样繁多的纹饰，兼具装饰和透气的功用。紫禁城里的“透风”数量庞大，样式丰富，凡是规模较大的宫室建筑，都会配置成套的“透风”。

明清宫廷建筑长期沿袭着木构梁架的传统，营造工匠出于防潮的考虑，采取了许多措施。比如，在木柱的柱脚放置一块石墩，这样木柱就与地坪隔离，这块承重且防潮的垫基石俗称“磉盘”或“柱础”；再以烧制温度低、吸水性极强的砖红色小板瓦环绕木柱垒砌一圈与墙体同高的套管，管壁和立柱之前预留出一圈空间；又在墙身下碱靠近柱根的位置，即在两层停泥砖（用优质的细泥烧制的规格稍小的砖，常用于建造墙身、地面、砖檐等部位）或一层城砖的位置留一个洞口，洞口用镂空图案的砖雕砌上，这就是“透风”。

一般说来，墙身下碱处有“透风”的话，墙体上身也会有一个与之对应的“上透风”，这样墙体和柱子之间可以形成空气流通。正因为“透风”是用来保持柱体通风干燥的，所以“透风”的位置一定是正对立柱的。按此规律，只要我们在墙身看到“透风”，那么墙体立面内，一定有立柱支撑着屋架。这样一来，“透风”就为我们勘察和监测古建筑墙内柱体情况预留了一个非常方便的检查口。

考虑到美观，“透风”的砖雕图案十分精美，有花、草、鸟、兽等，借由不同题材的组合象征富贵祥瑞。比如，草木花卉纹样最为常见，牡丹、灵芝、宝相花、石榴、瓜蔓象征富贵吉祥灵瑞；荷莲、松、竹、梅、兰、菊、水仙象征高洁贞德；海棠、芍药、卷草、芭蕉等则更富于装饰意义。动物纹样也很丰富，有狮子、虎、牛、羚羊、兔子、松鼠、马、鹿、猴等，或者单纯雕出形态，或者以草木、花卉、山峦、湖石、祥云等为背景衬托。花鸟组合纹样也不少，瑞鸟或展翅飞腾，或顾首俯视，花草从嶙峋山石中冒出，还有仙鹤晾翅等图案。吉语祥瑞纹样意蕴丰富，“麒麟卧松”“福在眼前”“喜鹊登梅”“天马海马”“佛八宝”“龙凤呈祥”等异彩纷呈。这些既实用又美观的“透风”，堪称古代建筑技术与艺术的完美结合。

诗文雅韵

京师作节选

明末清初・顾炎武

巍峨大明门，如翚峙南向。
其阳肇圆丘，列圣凝灵贶。
其内廓乾清，至尊俨旒纩。
缭以皇城垣，靓深拟天上。
其旁列两街，省寺郁相望。

顾炎武的这首《京师作》所描写的景象，就是从大明门而入皇城，作者所看到的气势磅礴、恢宏壮丽的皇城格局。

明朝北京城有宫城、皇城、内城和外城。宫城即紫禁城，今称故宫；宫城之外即皇城，设置朝廷办事机构，是为皇家服务的地方；皇城之外是内城，内城之外又围起一道城墙，即外城。皇城周围约十八里，四面开七座城门——南面为正门，有两道门，第一道为大明门，是唯一用国号命名的门，是为大明国门。进入大明门就进入了皇城，中间御道直通皇宫的正门承天门（天安门），御道两边是红墙、廊道和围房，中央各部衙署按照“左文右武”分列在两旁。大明门的门联由明代著名学者解缙题写，上联是“日月光天德”，下联是“山河壮帝居”，将大明门的地位、作用和影响，表述得十分充分。

文史小贴士

下碱

下碱又称“裙肩”“下肩”，指中国古代土木建筑墙体的下部，其比例占墙体的三分之一，高度为檐柱的十分之三。下碱的主要作用是隔绝地面潮湿，从宋至清始终是古建筑墙体的定式。

奏折上画了一朵小红花

清朝第四位皇帝康熙首创了一种带有文书性质的书信，即“奏折”。“奏折”多用竹纸（即素纸，包括榜纸、本纸和毛边纸等），一般高为二十二厘米左右，宽为十厘米左右（另有一种小密折，高仅十四厘米，宽七厘米），每幅六行，左右两幅称一扣或一开。每扣十二行，每行二十个字；低两字为平格，实写十八个字，余两字作抬头之用。臣子缮写奏折，封好后装入报匣，专差递送，经专门负责收发奏折的内外奏事处到达皇帝手中。皇帝批阅

红漆皮奏折匣（清）

康熙帝便装写字像轴（清）

奏折，皆用朱笔，称“朱批奏折”，发还给具奏人，康熙最习惯写的一句批语是三个字“知道了”。

如果这封奏折是苏州织造曹寅（后调任江宁织造）送来的，康熙还会在“知道了”的右上角画上一朵小红花。曹寅是《红楼梦》作者曹雪芹的爷爷，他的生母曾是康熙的乳母，他本人做过康熙的侍读，两人从小一起长大，感情深厚；他不仅是康熙的朋友，更是心腹，前往江南任职期间肩负着监控大小官员的重要使命。康熙曾对曹寅指示：“已后有闻地方细小之事，必具密折来奏。”（康熙四十七年三月初一日《江宁织造曹寅奏报自兖至宁一路闻见事宜折》后的朱批）康熙对曹寅的内兄李煦亦十分信任，对其指示：“朕无可以托人打听，尔等受恩沉重，但有所闻，可以亲手书折奏闻才好。此话断不可叫人知道！若有人知，尔即招祸矣。”（康熙四十八年十月间李煦上《请安折》后的朱批）

为了防止皇权旁落，康熙还赋予一些地方官员及亲信用折子秘密向皇帝奏事的特权。一些看似“奇葩”的奏折，折射出当时的君臣关系。

清朝康熙五十八年三月二十八日，闽浙总督“奏进台湾番子土产芒果等物折”：皇上，这是台湾的土特产叫芒果，献给皇上您。康熙回复说：“知道了，此等东西甚无用，不必再送来。”过了一个月，康熙五十八年四月二十九日，还是这位闽浙总督“奏进台湾芒果及武夷山茶叶折”，又给康熙送芒果。康熙再一次回复：“知道了，因芒果为一次未见过之物，原想看看，看来甚是无用之物，再也无需送来也。”

康熙帝读书像轴（清）

更有趣的是，直隶总督赵弘燮于康熙五十六年六月四日、六日、八日、十日、二十五日连续上奏折，向皇帝报告顺天府等地下雨的情况。赵弘燮“奏报顺天保定等府六月初得雨尺寸”，康熙回复“各处雨已遍足，此报雨折子太多，况京城京北之雨行在早已闻得”。赵弘燮“奏报顺天保定等府六月初得雨尺寸”，康熙回复“已有旨了”。赵弘燮“奏报顺天保定等府六月初得雨尺寸”，康熙回复“京中京北十二日又得大雨，朕已听得，尔不必报了”。赵弘燮“奏报京城及顺天府等地六月中旬得雨尺寸，并各河道安澜，无生发蝗蝻”，康熙回复“二十七日之雨朕早已知道，不必续报了”。

那位送芒果的闽浙总督叫满保，作为封疆大吏，他治理闽浙地区颇有政绩。在他任内，感念康熙的知遇之恩，经常送去一些地方特产，比如荔枝、茶叶、芒果等；而康熙也回赠一些书籍、人参、甘露肉等物，所以这看似啰唆的奏折，恰是当时融洽的君臣关系的体现。

还有那位“直播”下雨的赵弘燮，他常年担任地方官，能够革除陋规，惠及民生，也是一位政绩突出的官员。康熙很信任他，认为此人是个忠实靠谱的大臣，任命他做直隶总督，长达十年之久。

可以说，上述这些“奇葩”奏折皆是清代奏折制度的产物，也是清朝皇帝刻意追求的文书制度效果。清初因袭明制，地方官员上报给皇帝的文书“大小公事，皆用题本，用印具题”，而那些不便公开呈报的信息“本身私事，俱用奏本，虽有印之官，不准用印”。正因如此，才会出现直隶总督不厌其烦地向康熙报告顺天府下雨之类消息的情况。

诗文雅韵

出古北口

清·康熙

年年秋狝此经过，峭石天成险隘多。

沙漠名王皆属国，但留形胜壮山河。

这首诗抒发了康熙“在德不在险”的治国思想，通过吟咏古北口的壮丽山川，表达了自己选贤任能、精心理政的雄心壮志。

古北口是清帝由北京到承德避暑山庄以及塞外围场的必经之地，康熙曾多次途经古北口，留下了多首吟咏古北口的诗篇。1683年，康熙路经古北口写下了《古北口》诗：“断山逾古北，石壁开峻远；形胜固难凭，在德不在险。”诗句不仅描绘了古北口的险峻地貌，而且明确表达了作者的思想，只有修明政治才能使江山稳固，仅仅凭借天险是不可靠的。

文史小贴士

奏折

奏折是清代专有的一种文书，是臣子向皇帝报告事件的一种“折叠而进”的文书。奏折的使用开始于康熙中期，最初仅限于皇帝指定的少数亲信官员。雍正继位后，扩大了奏折使用的范围。除了康熙时期有奏事权的地方的将军、督抚、提督和中央的大学士、尚书等人外，一些翰林、科道甚至地方上低微之员，亦允许上奏折。

古人造酒，真的是煮着喝吗

曹操在《短歌行》中写道："对酒当歌，人生几何！譬如朝露，去日苦多。慨当以慷，忧思难忘。何以解忧？唯有杜康。"这诗句中的"杜康"不是人名，指的是美酒。曹操的这首诗太有名了，以至于这首诗带火了一个典故，就是"杜康造酒"。后来，人们每每谈及酒的起源时，便将"杜康"作为酒的始祖，尊为"酒仙"。

历史上真有杜康这个人吗？答案是有。据

锡刻诗句鼓式温壶（清）

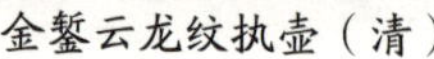

金錾云龙纹执壶（清）

金瓯永固杯（清·乾隆）

学者考证，杜康的原型极有可能是夏代的第六世君王少康，少康即杜康，只不过是相隔千年以后称谓变了。汉代的大学问家许慎在《说文解字》中明确记载了杜康造酒的起源："古者少康初作箕帚、秫酒。少康，杜康也。""秫酒"就是高粱酒。西晋江统所写的《酒诰》一文，对酒曲的由来，给出了"空桑秽饭"的说法："有饭不尽，委之空桑，郁结成味，久蓄气芳，本出于此，不由奇方。"意思是说，当年的杜康将没吃完的剩饭放在桑园的树洞里，不想这剩饭在洞里慢慢发酵了，就有芳香的气味飘出来，这就是古代先民酿酒的方法，杜康就是酿酒的始祖。

大家都熟悉小说《三国演义》中的一个故事，一场著名的酒席，在场的人物有曹操、刘备、关羽、张飞、赵云、许褚、张辽，即"煮酒论英雄"。这个故事的发生，有特定的时局背景：曹操在白门楼勒杀吕布，随后带着刘备、关羽、张飞回到许昌，汉献帝已经觉察到曹操的不臣之心，给董承衣带诏书，欲除掉曹操；董承随即在暗地里联络刘备等大臣密谋；这一天，曹操命人找刘备来吃酒，“酒席”只是托词，考验刘备才是真实用意。

小说中有这样的描写：“随至小亭，已设樽俎：盘置青梅，一樽煮酒。二人对坐，开怀畅饮。酒至半酣，忽阴云漠漠，聚雨将至。从人遥指天外龙挂，操与玄德凭栏观之。”这段描写说：曹操选择了一个小亭子，准备了美酒佳肴，桌上放着青梅，用樽来煮酒，两个人喝得挺开心；刚喝到上半场，风云突变，似乎马上有雷雨来袭，于是曹操和刘备凭栏远望。再往后，就是论英雄的精彩一幕了。

这里有个好玩的细节，喝酒就喝酒，为什么还要“煮酒”呢？其实“煮酒”就是给酒加热。在古代，这是一种常见的饮酒方法，确切地说这是古人的一种灭菌保鲜技术。

宋朝人写的《北山酒经》，比较详细地记述了煮酒的技艺。方法是将酒灌入酒坛，用蜡及竹叶密封坛口，置于甑中加热至煮沸。“煮酒”是为了长时间的保存美酒，避免酒的酸败，煮酒技术的采用，为酒的大规模生产提供了技术保障。原来，在“煮酒论英雄”的背后，还有这么多鲜为人知的传统技艺呢。

诗文雅韵

短歌行

东汉·曹操

对酒当歌，人生几何？譬如朝露，去日苦多。

慨当以慷，忧思难忘。何以解忧？唯有杜康。

青青子衿，悠悠我心。但为君故，沉吟至今。

呦呦鹿鸣，食野之苹。我有嘉宾，鼓瑟吹笙。

明明如月，何时可掇？忧从中来，不可断绝。

越陌度阡，枉用相存。契阔谈宴，心念旧恩。

月明星稀，乌鹊南飞。绕树三匝，何枝可依？

山不厌高，海不厌深。周公吐哺，天下归心。

这是一篇用于宴会的歌辞，诗人没有写觥筹交错和轻歌曼舞，而是写时光易逝与壮志难酬。由此，表达出求贤若渴、建功立业的宏愿。此诗以“对酒当歌，人生几何”为开篇，开启了一个绵延千年的话题，即“饮酒可以解忧”。以酒解忧的诗句，早在《诗经·卷耳》中就已出现：“陟彼高冈，我马玄黄，我姑酌彼兕觥，维以不永伤。”西汉文学家东方朔更有“凡忧者得酒而解”的说法，使这杯中物成为天下第一解忧灵药。然而，曹操并不是一个“借酒消愁”的普通人。相反，他有着鸿鹄之志，即使美酒杜康亦不能让他释怀，“忧从中来，不可断绝”，于是以“山不厌高，海不厌深”来作比，引“周公吐哺”的典故作勉励，希望能够开创一个“天下归心”的大好局面。全诗感情充沛，语言铿锵有力，格调雄深雅健，慷慨悲壮，体现出曹操作为政治家的远大抱负。

在中国古代，诗酒文化源远流长，而《短歌行》算得上是此类诗作中的名篇。关于这首诗的创作时间，学界尚有争议，有人认为大约作于诗人的晚年。《三国演义》第四十八回“宴长江曹操赋诗，锁战船北军用武”中有一段曹操横槊赋诗的描写：“时操已醉，乃取槊立于船头上，以酒奠于江中，满饮三爵，横槊谓诸将曰：‘我持此槊，破黄巾、擒吕布、灭袁术、收袁绍，深入塞北，直抵辽东，纵横天下：颇不负大丈夫之志也。今对此景，甚有慷慨。吾当作歌，汝等和之。’歌曰：‘对酒当歌，人生几何……’”这里就完整引用了《短歌行》。

文史小贴士

衣带诏

“衣带诏”，是《三国演义》中的一段著名情节，也是三国历史上的一桩悬案。

《三国演义》第二十回“曹阿瞒许田打围，董国舅内阁受诏”，其大意是：汉献帝以血书作密诏缝于锦带之内，交与董贵妃之兄、车骑将军董承，命其纠合大臣诸侯共诛曹操。后来，事情败露，涉事人员被曹操杀害。《三国志》《后汉书》及《资治通鉴》均对此有记载。但是，有研究者认为，“衣带诏”事件未必真实。

甑

甑是中国古代的一种蒸食用具，一般是平底，底部有孔；也有圜底或圈足器，类似于今天的蒸笼，甑和鬲合在一起称为“甗”。

说说周瑜的“酒德”

在《三国演义》中，除了“煮酒论英雄”之外，还有一个与酒有关的故事，叫作“群英会”。刘备和孙权联合抗曹，大战前夕，曹操派谋士蒋干过江拜会周瑜，想要利用两人曾为同窗好友的关系劝降周瑜。周瑜早就料到蒋干的来意，将计就计，设下酒局和圈套，一番生动的表演，活脱脱一幕谍战大戏。

其中，有这样一段描写：“周瑜曰：‘吾自领军以来，滴酒不饮；今日见了故人，又无疑忌，当饮一醉。’说罢，大笑畅饮。座上觥筹交错。”那么问题来了，为什么周瑜说“吾自领军以来，滴酒不饮”？其实，这背后与古人“饮酒以德”的风尚有密切关系。

中国的酒文化源远流长，古人时时处处以“礼”用酒，更讲究“酒德”。“酒德”这两个字，最早见于《尚书》和《诗经》，其含义是说饮酒者要有德行，不能像商纣王那样“颠覆厥德，荒湛于酒”。《尚书》中有一篇文献《酒诰》，堪称中国古代最早的禁酒令，据说是西周推翻商的统治后发布的一篇政令，其主旨就是规劝世人不要酗酒，其中体现了古人对酒的最初理解：“饮惟祀”，就是平时不能随意、放纵，想喝几口喝几口，只有在祭祀的时候才可以正当地饮酒；“无彝酒”，平时尽量别喝酒，要懂得节约粮食，只有在生病的时候才能适量地饮酒；“执群饮”，禁止聚众饮酒；“戒湎酒”，反对纵酒过度，喝得酩酊大醉，反对沉迷于饮酒作乐。所以古人讲的“酒德”，并不是说一定不能喝酒，而是认为饮酒是祭祀敬神、养老敬宾的礼仪活动，这都是人的礼节、德行，应当克制，并反复地加以修行。

因为古人清醒地意识到饮酒过量人便不能自制，容易生乱。所以，作为大军统帅的周瑜“领军以来，滴酒不饮”——这也是

《群英会》（清晚期）

一条严明的军纪，周瑜自己也不敢怠慢。为什么群英会上，周瑜“大笑畅饮”呢？这显然是一次酒桌上的表演，为的是引蒋干中计，唯有酒桌上演得以假乱真，才有酒后发生的“蒋干盗书”“曹操中计”一系列连锁反应。由此可见，周瑜真是一位很靠谱的将军，很有“酒德”，平时领军、治军滴酒不沾；搞谍战工作饮而不醉，能够做到心中有数，也是一位了不起的英雄。

诗文雅韵

赤壁

唐·杜牧

折戟沉沙铁未销，自将磨洗认前朝。

东风不与周郎便，铜雀春深锁二乔。

这首诗是晚唐杰出诗人杜牧经过赤壁古战场时，有感于三国时代的英雄事迹而写下的一篇佳作，诗中的“周郎”指的就是周瑜。

杜牧的怀古咏史诗最为人称道，诗中通过对历史遗迹景色的描写，抒发了对于历史兴亡的感慨。“春深”本指男女间的私情生活，这里语含调侃，意在说明战败后果不堪设想。很显然，杜牧强调了“东风”的重要性，言外之意周瑜是遇上了良好的时机才能建功立业，而自己身怀利器、壮志难酬，完全是“时不我与”！这是典型的借史事以吐胸中抑郁不平之气，却写得含蓄隽永，新颖别致。

文史小贴士

蒋干盗书

成语典故，出自《三国演义》。故事发生在赤壁大战前夕，曹操亲率百万大军与东吴都督周瑜的军队隔江对峙。曹操手下的谋士蒋干因自幼和周瑜同窗读书，便过江到东吴去作说客，劝降周瑜。结果周瑜设下计策，故意让蒋干在周瑜房内发现曹军将领蔡瑁、张允暗通东吴的书信，蒋干将书信盗走献给曹操，曹操据此斩杀蔡瑁、张允。后来得知，这是周瑜的反间计，目的是搅乱曹军军心。后来，以“蒋干盗书”比喻中了别人的反间计。

刘伶醉酒之后，真的成仙了吗

在中国传统戏曲中有一出戏叫“刘伶醉酒”，主人公的原型是魏晋时期的一位名士，“竹林七贤”之一的刘伶。据史料记载，刘伶这个人嗜酒如命，常常坐在一辆鹿车上出游，带上一壶好酒，还找人扛着锹跟在后面，他说“如果我醉死了，就直接把我埋了吧”。正因为刘伶本人个性乖张，所以“刘伶醉酒” 的故事便借题发挥，千百年来广为流传。

故事里说，魏晋年间，酒仙杜康奉玉帝旨意来到凡间，要度化刘伶成仙。世人都知道刘伶好饮酒，也极能饮酒，酒量之大，无人能及。有一次，刘伶外出游历，走到了洛阳南边的一处酒坊门前。眼见这酒坊门前挂着一副对联，上联是“猛虎一杯山中醉”，下联是“蛟龙两盏海底眠”，横批是“不醉三年不要钱”。刘伶一看这副对联，心里不爽。心想这酒坊的主人写这副对联前也不找人打听打听，谁人不知我刘伶的海量，今天我倒要见识一下你这个“一醉三年”。进了酒坊之后，酒仙杜康拿酒来给他喝，喝完第一杯，杜康劝他不要再喝了；刘伶不答应，于是喝了第二杯，杜康继续劝他，再喝就一醉不起了；刘伶不信，又抢着喝了第三杯。三杯下肚，刘伶顿时觉得吃不消了，说道：“头杯酒甜如蜜，二杯酒比蜜还甜，三杯酒一下肚，只觉得天也转，地也旋，头脑极晕，眼发蓝，只觉得桌椅板凳、盆盆罐罐把家搬。”他果真喝醉了，一路东摇西晃往家走，口里还嘟嘟囔囔说着胡话。一回到家，刘伶恍惚之间交代妻子说：“我要死了，把我埋在酒池内，上边埋上酒糟，把酒盅酒壶给我放在棺材里。”说完，他竟然醉死过去了。三年之后，杜康到村上来找刘伶，敲开刘伶家的门，对刘伶的妻子说：“刘伶三年前喝了我的酒还没有给酒钱呢！”刘伶的妻子就把杜康领到刘伶的墓前，杜康说“他不是死了，是醉了”，随即打开棺材拍拍刘伶的肩膀，刘伶竟然打了个哈欠，伸伸胳膊，睁开了眼，嘴

赵孟頫行书酒德颂卷（元）

里还喃喃自语夸道“好酒，好酒！”从此以后，“杜康美酒，一醉三年”传开了，有人说杜康和刘伶后来都成仙升天去了。

一醉三年，饮酒成仙，这只是古人的想象。古人觉得，饮酒能帮助他们体会物我两忘的奇妙感受，以追求回归自然、超凡脱俗的精神境界。所以，在古人那里，享用美酒、体会酒趣才是他们的初衷，饮酒赋诗、浑然忘我，诗酒一体，是他们对潇洒人生的一种追求。但是，我们对自己要有所约束，饮酒要适量。美酒虽好，可不要贪杯哟！

诗文雅韵

下终南山过斛斯山人宿置酒

唐·李白

暮从碧山下，山月随人归。
却顾所来径，苍苍横翠微。
相携及田家，童稚开荆扉。
绿竹入幽径，青萝拂行衣。
欢言得所憩，美酒聊共挥。
长歌吟松风，曲尽河星稀。
我醉君复乐，陶然共忘机。

李白的饮酒诗，多为豪情狂气喷薄涌泄，溢于纸上。而这首诗却不一样，以田家、饮酒为题材，描写琐事人情，好似陶渊明的田园诗，平淡爽直。

从诗的内容看，李白是在月夜到长安南面的终南山去拜访一位姓斛斯的隐士。沿途清幽旖旎的山色，友人简朴优雅的居所，以及到友人家受到的礼遇，使诗人在酣饮放歌时，陶醉在一种无拘无束、心情飘然的境况中。笔出自然，格调明快，充满了浓郁的田园风味。

当然，李白在诗歌的旨趣上与陶渊明有着很大区别。尽管在这首诗中，李白一改往日的纵横恣肆，但依然英气外露，所以才写出“长歌吟松风，曲尽河星稀”这样的诗句。相比之下，陶渊明的“或有数斗酒，闲饮自欢然”；“过门辄相呼，有酒斟酌之”；“何以称我情，浊酒且自陶”；“一觞虽自进，杯尽壶自倾”之类，更是质朴自然，恬静真淳。因而，从李白此诗既可以看到陶诗的影响，又可以看到两位诗人风格的不同。

文史小贴士

杜康

杜康，又名少康，河南商丘（一说陕西白水）人，夏朝发明家、酿酒师。《说文解字》记载：“古者少康初作箕、帚、秫酒。少康，杜康也，葬长垣。”“秫酒”就是高粱酿造的酒，传说杜康是最早用高粱酿酒的人。后世尊奉为制酒业的祖师爷“酒圣”，“杜康”也成了美酒的代名词。

“错配诗”“集句诗”，古人真会玩

在网络时代，很多古诗词被大家玩嗨了。古人的名篇佳句，被网友们改成“神曲”，摇身一变，成为茶余饭后的文化消遣。

有网友发起混搭大赛，拿唐代元稹的诗句做题目，《闻乐天授江州司马》中有一句“垂死病中惊坐起”，大家混搭其他的古诗名句，结果拼出了一首“神曲”：

垂死病中惊坐起，无人知是荔枝来。

我自横刀向天笑，笑问客从何处来。

有人说这是网友的“恶搞”，而实际上这种拼凑前人诗句成为新作的活动，早在很久之前，就被古人们玩过啦。

古代的文人才子颇有点娱乐精神，他们不愿意循规蹈矩，创造了一种特殊的诗体，叫“集句诗”。“集”就是集合的意思；“句”就是古代诗、文里面的句子；集句诗就是集合古诗文的句子而成新诗。

想拼凑出一首“集句诗”也不是闹着玩的，作者要遍览全诗，博闻强记，对原作融会贯通；更要才思敏捷，考虑意境搭配和谐，一首好的集句诗才会给人一种“山重水复疑无路，船到桥头自然直”的通畅感觉。

“集句诗”最早出现在西晋时期，傅咸的《七经诗》称得上是现存最早的集句诗。宋朝时诗词格律发展比较成熟，加之前朝大量诗歌的丰富遗产，“集句诗”便活跃和兴盛起来。再有，北宋文坛弥漫的嘲谑之风，以及北宋文人“化腐朽为神奇”的审美追求，甚至是北宋官场上的“新旧党争”都对集句诗的发展产生了一定影响。

傅抱石王维《渭城曲》诗意图横幅（近现代）

雖與人境接閉門成隱居道言莊叟事儒行魯人餘深巷斜暉靜閒門高柳踈荷鋤修藥圃散帙曝農書上客搖芳翰中廚饌野蔬夫君第高飲景晏出林閭

濟州過趙叟家

王铎楷书王维诗卷（清）

举个例子，唐代诗人王维有一首著名的诗《渭城曲·送元二使安西》：“渭城朝雨浥轻尘，客舍青青柳色新。劝君更尽一杯酒，西出阳关无故人。”这后两句是千古名句，意思是说“干了这杯酒吧，此去西行，出了阳关，可就再也见不到老朋友了”，表达了依依惜别的深情，有些伤感和惆怅的味道。宋代诗人林震觉得，这世界不应该有那么多伤感，更多的应是喝酒划拳，举杯而乐。于是，他干了一碗女儿红，提笔就把王维的大作变成了集句诗：“劝君更尽一杯酒，与尔同销万古愁。”后一句出自李白《将进酒》。林震就这么一拼，诗句的意境完全改变了：“兄弟，我们干了这杯酒，让什么忧愁烦恼全都见鬼去吧！”十分洒脱。

再比如，唐代大诗人王之涣有一首脍炙人口的诗《登鹳雀楼》：“白日依山尽，黄河入海流。欲穷千里目，更上一层楼。”其中，“白日依山尽，黄河入海流”写得大气磅礴，巍峨高耸的鹳雀楼与波涛滚滚的黄河相对应，配以白日群山，气场十足。宋代诗人李龏却是个喜欢安静的人，“白日依山尽”如此安静、美丽的景色，怎么能被黄河的滔滔水声搅扰呢？于是他也作了个集句诗：“白日依山尽，春风引思长。”这后一句出自晚唐诗人雍陶的《离京城宿商山作》：“山月吟声苦，春风引思长。无由及尘土，犹带杏花香。”这么一集句，一个“尽”字是意犹未尽，一个“长”字是情思悠长，完全变成了另外一幅景象：太阳落山，春风拂面，桃花十里，特别想你……

听了这些关于集句诗的故事，您是不是也有灵感了呢？这里也和读者朋友们互动一下，我出一个上句，欢迎大家来接下句。我这上句是“举头望明月”，出自唐代大诗人李白的《静夜思》，请您来接下一句。

诗文雅韵

离丹阳

北宋·韦骧

人从北固山前去，
云水苍茫日向西。
今夜渡江何处宿，
杨花落尽子规啼。

这是一首集句诗，大意是：作者离开丹阳西行时从北固山前经过，看到长江云水苍茫，渡江时思忖夜晚将借宿于何处，行路时见到柳絮飘落、杜鹃啼鸣。

可是，就这些诗句的原意来说，并非如此。“人从北固山前去”出自唐代诗人朱湾的《送李司直归浙东幕兼寄鲍行军持节大夫初拜东平郡王》，写的是朱湾送别“李司直”，看着他离开了北固山。“云水苍茫日向西”出自唐代文学家韩愈的《晚次宣溪，辱韶州张端公使君惠书叙别，酬以绝句二章》其一，写的是韩愈赴韶州途中看到的景象。“今夜渡江何处宿”出自唐代诗人陈羽的《小江驿送陆侍御》，写的是陈羽在宁波小江驿送别“陆侍御”，当时陈羽担心“陆侍御”夜里没有合适的地方住宿。“杨花落尽子规啼”出自唐代“诗仙”李白的《闻王昌龄左迁龙标遥有此寄》，写的是李白眼中的夏初景象。

这些诗句的原意都与韦骧本人没有任何关系，可是他却利用这些诗句记录了自己离开丹阳的一段经历。原本毫不相干的四句唐诗，经韦骧妙手点化，成就了记录自己旅途经历的一首新诗。作为真正意义上的“二度创作”，集句诗需要透过原本诗句的字面意思，反映出诗人当下的生活境况，并且按照格律的要求，做到“如出一手”。

文史小贴士

《七经诗》

《七经诗》是西晋文学家傅咸以经学著作为依托，选取并改造其中语句，重新组合为四言诗的形式，被认为是古人集句之始。

集句诗

集句诗是中国古代杂体诗的一种，是将前人的诗句打散之后重新组合，拼集为的一首新诗。

古人真会晒图，风流文雅更从容

在移动互联网的时代，人们在朋友聚会时常常会拍个照、晒个图，或者将自己的感受写成文字发在朋友圈里，将这些生活中的美好时刻与他人分享。古人虽然没有手机没有网络，也一样会留言、晒图，写感受、记美景、晒日常、晒聚会、晒好友、晒情趣、晒幸福……今天，我们可以透过大量的古代字画，瞥见古人生活中的这些高光时刻。

东晋时有一种风俗，每年阴历的三月初三，人们都要到郊外的水边踏青游玩，以此祈福消灾，即所谓“修禊”。东晋永和九年（353）三月三日，在温暖的春日里，王羲之和友人谢安、孙绰等41人，来到绍兴城西南兰渚山下的一座幽雅园林中。相传春秋战国时期，越王勾践曾在这里种植兰花，故称“兰亭”。

这一天“天朗气清，惠风和畅”，放眼望去，崇山峻岭、茂林修竹，又有清流激湍，大自然是那样气定神闲、圆满自足。一行人围坐在流水之畔，行“曲水流觞”之乐，酒杯自上游顺流而下，停在谁的面前，谁就要饮酒赋诗。当三十七首诗汇集成一册《兰亭集》，大家推荐王羲之为诗集作一篇序文，《兰亭集序》就是王羲之亲笔书写的序文手稿。他叙写了兰亭雅集的盛况，抒发人生的种种感慨，文笔隽爽流畅，洒脱无拘。尤其是王羲之的书法将晋人的精神风貌和气质神韵抒发得淋漓尽致。《兰亭集序》共书三百二十四字，每一个字都被王羲之赋予了生命的动能，其中有二十多个“之”字，更是无一雷同，各具独特的风韵。唐太宗赞叹它“点曳之工，裁成之妙”。宋代黄庭坚称赞道：“略无一字一笔，不可人意。”明朝《永乐大典》的主编解缙说：“字既尽美，尤善布置。”明代书画大家董其昌写道：“随手所如，皆入法则，所以为神品也。”

宋代画家李公麟创作了一幅墨笔画《会昌九老图》，此画用白描的手法表现了两个故事：一个是“商山四皓”的故事，即

仇英临萧照中兴瑞应图卷（明）

仇英归汾图卷（明） 仇英人物故事图册（明）

秦末汉初四位学者隐居商山的情景；另一个是“会昌九老”的故事，唐朝的胡杲、吉玫、刘贞、郑据、卢贞、张浑、白居易、李元爽、禅僧如满等九位七十岁以上的友人，在洛阳龙门之东的香山结成“九老会”，把酒言欢、赋诗作画的情景。这种关于文人集会的画，在国画门类里叫作“雅集图”或“文会图”，也就是以画作记录文人雅士开party、办沙龙的情景。

古代没有相机，不能自拍，只能画画。宋代名画《听琴图》是宋徽宗赵佶创作的一幅工笔画，里面的抚琴者就是宋徽宗本人。为了烘托抚琴的情调，画中还铺陈了好些道具，以烘托主人公的才情气度，就好像今天给自己的自拍照加效果贴纸一样。

明代绘画大师仇英有一幅名画《十八学士登瀛》。据说，唐太宗李世民早年曾在长安城设文学馆，以此延揽

仇英桃村草堂图轴（明）

人才，邀请杜如晦、房玄龄、于志宁、苏世长、姚思廉、薛收、褚亮、陆德明、孔颖达、李玄道、李守素、虞世南、蔡允恭、颜相时、许敬宗、薛元敬、盖文达、苏勖等十八人讨论政事、典籍，当时称之为“十八学士”。这十八人的朋友圈可不得了，后来李世民做了皇帝，很多人被重用。所谓“瀛洲”本来指神仙居住的仙山，后来指被李世民选进文学馆的荣幸，所以这画叫作“十八学士登瀛”。您看看这朋友圈晒的，聚会时有写字的，有喝酒的，有弹琵琶的，茶酒饭菜好不热闹。

宋代以降，金石学盛行起来，文人雅士聚会的时候，晒古董字画的情景比较常见。明代画家杜堇创作的一幅双拼巨幅画《玩古图》，画中就出现了奇石、侍从（侍女、童仆）、柏、竹、栏杆、蝶蛾、蜀葵、扇、香炉、火盆、文玩（琴棋书画）、乐器、家具（屏风）、芭蕉、仕女、庭院、梧桐、花器、高士（士人、隐士）等文雅的元素。

诗文雅韵

兰亭集序

东晋·王羲之

永和九年，岁在癸丑，暮春之初，会于会稽山阴之兰亭，修禊事也。群贤毕至，少长咸集。此地有崇山峻岭，茂林修竹；又有清流激湍，映带左右，引以为流觞曲水，列坐其次。虽无丝竹管弦之盛，一觞一咏，亦足

帝王名臣像册之王羲之（清）

以畅叙幽情。

是日也，天朗气清，惠风和畅，仰观宇宙之大，俯察品类之盛，所以游目骋怀，足以极视听之娱，信可乐也。

夫人之相与，俯仰一世，或取诸怀抱，悟言一室之内；或因寄所托，放浪形骸之外。虽趣舍万殊，静躁不同，当其欣于所遇，暂得于己，快然自足，不知老之将至。及其所之既倦，情随事迁，感慨系之矣。向之所欣，俯仰之间，已为陈迹，犹不能不以之兴怀。况修短随化，终期于尽。古人云："死生亦大矣。"岂不

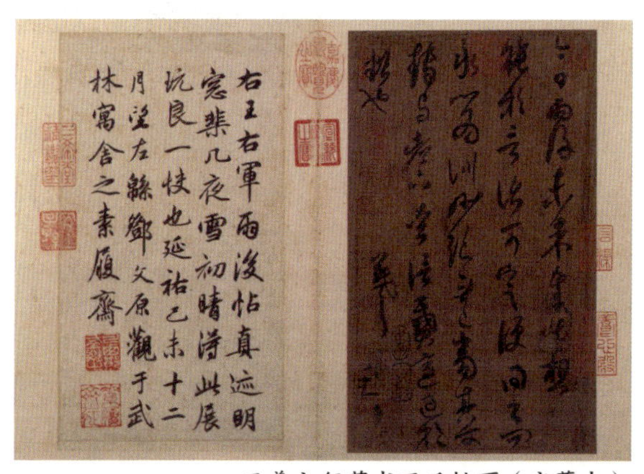

王羲之行草书雨后帖页（宋摹本）

痛哉！

每览昔人兴感之由，若合一契，未尝不临文嗟悼，不能喻之于怀。固知一死生为虚诞，齐彭殇为妄作。后之视今，亦犹今之视昔。悲夫！故列叙时人，录其所述，虽世殊事异，所以兴怀，其致一也。后之览者，亦将有感于斯文。

文史小贴士

商山四皓

商山四皓指的是秦末汉初东园公唐秉、角里先生周术、绮里季吴实和夏黄公崔广四位著名学者。故事出自《史记·留侯世家》，四人不愿意当官，长期隐居在商山，还写了一首《紫芝歌》以明志向；出山时都已八十多岁，眉皓发白，故被称为“商山四皓”。唐诗中常以“四皓”“四老”“四翁”“商山老”“商山芝”代指隐士，也喻指辅佐太子的官员，也常见以“紫芝曲”“紫芝歌”喻指隐居。

商山四皓图轴（元）

黄慎商山四皓图轴（清）

花香飘来3000年，插花本是中华魂

《诗经·郑风·溱洧》中有云：“维士与女，伊其相谑，赠之以勺药”，意思是说年轻的男女结伴一起出游，相互嬉戏打闹欢歌笑语，临别互赠一朵芍药花以表情意。《诗经》有诗305篇，出现植物的篇章多达135篇。这些在《诗经》中被先民们歌咏的植物，成为后世插花艺术中常见的花材。

战国时期，伟大诗人屈原在《离骚》中有这样的诗句：“纫秋兰以为佩”意思是“把秋兰结成索佩挂身旁”；“制芰荷以为衣兮，集芙蓉以为裳”意思是“我要把菱叶荷叶裁剪成上衣，我要用荷花把下裳织就。”这说明，当时已经有采摘

翠白菜式花插（清）

黄玉佛手花插（清）

香花佩戴身上的风尚，以花传情，以花明志，赋予花卉以某种文化寓意。

秦、汉时期，插花作为一门艺术，雏形初露。据史料记载，西汉惠帝时，孝惠皇后将四时植花罗致室内，并安排于寝榻、几案上。另据考古发现，河北望都东汉古墓墓道壁画中绘有一个陶质圆盆，盆内均匀地插着6支小红花并置于方形几架上，形成了花材、容器、几架三位一体的形象，这也是迄今为止所发现的最早的中国插花。

魏晋南北朝时期，“佛前供花”的习俗让插花技艺广为流行。史料中有这样的描述：“有献莲华供佛者，众僧以铜罂盛水，渍其茎，欲华不萎。”（《南史·晋安王子懋传》）说的是南北朝时期，齐国晋安王子懋在七岁的时候，母亲阮氏得重病，生命垂危。于是请和尚做法事，有人摘下莲花供佛，僧人用铜钵盛水，将莲花浸泡在里面使花不枯萎。七天过去，莲花一日比一日鲜艳。而铜钵中的莲花居然长出了一些根须，母亲的病也好了。当世之人都说是子懋的孝心感动了菩萨，才有此奇迹。由此，“借花献佛”之礼广为流传。

黄玉荷叶式花插（清）

银累丝花瓶（清）

唐代，皇家喜好花艺，文士尚雅，仕女爱花，大唐王朝处处呈现一派争奇斗艳的盛况，举国有以花会友、寄情花木之风，唐代把二月十五定为花朝节，视作“百花生日”。

耀州窑青釉刻花瓶（北宋）

宋代插花更为普及，讲求高雅韵致。烧香、点茶、挂画、插花是宋代的“四艺”。苏轼在《吉祥寺赏牡丹》中写道：“人老簪花不自羞，花应羞上老人头。”别看我年纪大，我还愿意把牡丹花戴在头上，自己一点儿也不害羞，倒是这朵牡丹花会感到难为情吧！此时的苏轼真是一个乐观、豁达的老头儿！

元代插花借花材的寓意来表达人们祈求安定、平和、自由的愿望。明代建立了系统和完整的插花理论，插花不仅重意，更与文学、绘画、书法兼容并蓄，走向艺术的高雅境界。

清代的插花，将每一种花以其相关的历代名人的个性或事迹予以配称，作为各花的花种；还盛行以蔬菜、水果为材料的“果盘插花”，更将诸多美好的器物融进插花作品中，以表达吉祥如意的美好愿望。

今天被我们视作“文艺范”的插花，在数千年的历史长河中，花香四溢，经久不息。

诗文雅韵

插花吟

宋·邵雍

头上花枝照酒卮，酒卮中有好花枝。

身经两世太平日，眼见四朝全盛时。

况复筋骸粗康健，那堪时节正芳菲。

酒涵花影红光溜，争忍花前不醉归。

邵雍是两宋理学重要奠基人之一，也是一位刻苦读书、德才兼备从而“内圣外王”的传奇人物。邵雍大致生活在宋真宗、宋仁宗、宋英宗、宋神宗的时代，这一时期正是宋王朝天下太平、经济繁荣且人文昌盛的时期，学有所成的邵雍虽不是名流显贵，却赢得了社会各阶层的普遍尊重，又因其本人平和淡定，德气粹然，胸怀宽广，得到了文人士大夫阶层的推崇。富弼、司马光这些名相退休后都与他结交，不但敬重他，还倾囊相助，合资为他兴建了一座面积硕大的庄园。

这首诗写在邵雍的晚年，充溢着浓烈的“太平和乐”的气氛。在宋代，插花十分普及，与“烧香”“点茶”“挂画”并称“四艺”，即便是老人家也愿意把花戴在头上，以显示乐观、豁达的情调。在这首诗中，邵雍慨叹一生经历了六十年的太平岁月，目睹了四朝盛况，而且筋骨康健，又喜逢百花盛开的芳菲时节。后人评价此诗“安闲宏阔”，表现出北宋开国后“百年无事”的升平景象，以及作者安享晚年、心满意足的精神状态。

文史小贴士

《楚辞》

中国文学史上产生深远影响的第一部浪漫主义诗歌总集，是我国浪漫主义文学创作的源头和代表。“楚辞”是一种文体，运用具有楚国地方特色的声韵、语言、名物而创作的诗赋，相传为屈原首创，之后有仿作，西汉刘向把屈原的作品及宋玉等人“承袭屈赋”的作品编辑而成，即《楚辞》。

屈原（约前340—前278），名平，字原。又自称名正则，字灵均。战国时期楚国人，伟大的爱国主义诗人。

《离骚》

我国文学史上最早的长篇抒情诗，也是屈原的代表作，是屈原根据楚国的政治现实和自己的不平遭遇而自觉创作、独立完成的长篇政治抒情诗。堪称我国古代浪漫主义长诗的鼻祖。

婀娜多姿大唐红

说到唐代的流行色，很多人会想到红色。

唐代人所谓的“红色”是一个庞大的色系，细细数来竟然有几十种不同的色样，其中大有学问。

举例来说，“正红”色中稍微带一点黄色，这种红色叫“朱色”，也就是“朱红”。“朱红”最早是从天然矿物朱砂中提取来的，古人为了将这种红色与用红土作原料的“赭”相区分，称之为“真朱色”。

在汉代的阴阳五行理论中，“朱红”象征朱雀，代表着南方，因而“朱红”被奉为正色。唐代朝廷对服饰色彩有明确的规定，五品官员以朱色为常服。由于朱色是正色，皇帝御批用朱色，皇家建筑也以朱色装饰宫墙。官宦或者富贵人家往往将大门涂成朱色，所以杜甫的诗里才有这样的句子：“朱门酒肉臭，路有冻死骨。”

如果这“朱红”的颜色淡一点，就被称为“妃色”，常常用来形容女孩子微微泛红的脸颊。唐玄宗宠爱杨贵妃，酒过三巡、菜过五味之后，杨贵妃有些醉了，唐玄宗曾以“妃色”来描述杨贵妃酒醉后红润的面颊。

还有一种红色也因杨贵妃而出名，这就是“桃红”色。所谓“桃红”是将红色和白色混合起来，调成一种粉白鲜亮的红色，也就是桃花的颜色，“桃红”是俏丽、娇媚的代名词。唐代诗人写过这样的诗句：“朱唇一点桃花殷，宿妆娇羞偏髻鬟。”（唐·岑参《醉戏窦子美人》）“鲜肤胜粉白，慢脸若桃红。”（南朝，梁·刘遵《繁华应令》）当年杨贵妃“每有汗出，红腻而多香，或拭之于巾帕之上，其色如桃红也”。（五代·王仁裕《开元天宝遗事·红汗》）

在唐代，“珊瑚红”也很流行，这是一种如珊瑚般鲜艳的赤橙色。珊瑚虫在生长过程中不断吸收海水中的氧化铁而形成了红色，古人便将红色珊瑚研成粉末作为颜料使用。清代广为流传的中国传统绘画课本《芥子园画谱》中记载：“唐画中有一种红色，历久不变，鲜如朝日，此珊瑚屑也。”

在唐代，“石榴红”也很受欢迎，这种红色因为类似石榴花的颜色而得名，这种红色的明度和纯度都比较高，带给人一种美艳娇嫩的感觉。“石榴红”的裙子在唐代十分流行，尤其受到年轻女子的喜爱。唐诗有云：“眉黛夺将萱草色，红裙妒杀石榴花。”说的就是美艳女子画着深翠色的黛眉，穿着明艳艳的“石榴红”的裙子，格外惹人注目。后来，“石榴裙”也常常用来指代美女。

还有一种红色叫“殷红”，也称“暗红”，是红色中带一点点黑色，常被用来形容鲜血的颜色。唐代元稹《莺莺诗》中有“殷红浅碧旧衣裳，取次梳头暗淡妆”的句子，正是这种红色。杜甫《韦讽录事宅观曹将军画马图》中“内府殷红马脑盘，婕好传诏才人索。”提及皇宫内库珍藏的殷红色的玛瑙盘，也是这种颜色。

由此可见，大唐的红色婀娜多姿、丰富多彩，折射出鲜活的历史。

诗文雅韵

五日观妓

唐·万楚

西施谩道浣春纱，碧玉今时斗丽华。

眉黛夺将萱草色，红裙妒杀石榴花。

新歌一曲令人艳，醉舞双眸敛鬓斜。

谁道五丝能续命，却令今日死君家。

这首诗写的是农历五月五日端午节观看乐伎表演时的情景。在越溪边浣纱的西施是历来公认的美女，但眼前的这位歌舞女子胜过西施，赛过丽华（古代美人），堪比碧玉（古代美人）。“眉黛夺将萱草色，红裙妒杀石榴花。”你看她深翠色的眉黛，那是从萱草夺来的美丽绿色；你看她明艳艳的裙子，那是让石榴花见了也会嫉妒的美丽红色。端午时节，萱草正绿，石榴花红，信手拈来，为美人写照，为心动抒情。

文史小贴士

朱雀

朱雀亦称朱鸟，古代四神（即“四象”，分别是青龙、白虎、朱雀、玄武）之一，古代神话传说中的南方之神，古人将其描绘为一只翱翔天际的大鸟，并按照阴阳五行学说以红色与其相配。

《芥子园画谱》

《芥子园画谱》又称《芥子园画传》，是一部中国传统绘画教科书。清代著名文学家李渔曾在南京营造别墅“芥子园”，他鼓励并资助其女婿沈心友及王氏三兄弟（王概、王蓍、王臬）编绘画谱，故此画谱即以“芥子园”命名。

内库

内库是唐朝设立的专门供应宫廷需求的综合库藏，由宦官独揽管理。内库主要向皇帝及皇室贵族供应各类生活物品，也向宫廷中其他部门提供财物。

神圣的黄土地，浪漫的黄颜色

在中国古代，有一种颜色象征着人们对土地的膜拜，正所谓“天地玄黄，宇宙洪荒”。这种表示生命之源流、中央之所在的颜色就是黄色。按照古人“阴阳五行”的说法，黄色属“土”，代表孕育万物的苍茫大地。

在古人眼里，黄颜色是一个庞大的色系，其中总有那些生动而鲜活的具体色样，激发了古人的浪漫想象，写在诗中，绘入画中，跳跃在文字间，流淌在文化里。立春之起“黄白游”，鸧鹒鸣之“黄栗留”；麦秋至之“嫩鹅黄”，始鸣之有“雌黄”；禾乃登之色“秋香”，蛰虫咸俯曰“蜜合”；立冬之起色“半见”，小寒之承色“断肠”。

“欲识金银气，多从黄白游。一生痴绝处，无梦到徽州。”（明·汤显祖《有友人怜予乏劝为黄山白岳之游》）“黄白游”便是这金银气色，若白轻黄。“黄山白岳梦魂间，之子乘秋一杖还。洗砚莫污飞瀑水，濯缨吾拟向潺湲。”（清·屈大均《送人返徽州》）齐云山的风景令人流连忘返，徽州山水亦是梦绕魂牵。

“黄栗留”就是黄鹂鸟，也叫鸧鹒或黄莺，作为夏候鸟，自古以来为人们所喜爱。她时而飞入《诗经》里：“黄鸟于飞，集于灌木，其鸣喈喈。”（《诗经·周南·葛覃》）时而飞入诗人的春天里：“黄栗留，黄栗留，寂寂寞寞传声幽。桃花吹堕杏花起，重叠春冈春树稠。”（宋·王质《山友辞·黄栗留》）“黄栗留”取意黄鹂的颜色，被誉为踏春的“金衣公子”。

“嫩鹅黄”更富情趣，取意鹅黄酒的颜色。唐、宋时的酿造酒多为黄色，“鹅儿黄似酒，对酒爱新鹅。”（唐·杜甫《舟前小鹅儿》）一壶鹅黄醇酒，多少恣意欢饮、洒脱奔放：“应倾半熟鹅黄酒，照见新晴水碧天。”（苏轼《追和子由去岁试举人洛下所寄五首暴雨初晴楼上晚景》）这种可爱的嫩黄，也象征着大自然的朝气蓬勃、生机盎然：“晚风初染嫩鹅黄，小雨仍添百和香。”（宋·吕本中《谢人送牡丹》）

“雌黄”是古代文人最熟悉、最常使用的一种黄色。古人写字作画的纸张多为土黄色或米黄色（谷黄色），每有错处，便以“雌黄”涂之：“馆阁新书净本有误书处，以雌黄涂之。”（北宋·沈括《梦溪笔谈》）“雌黄”也是文人亲近的朋友：“夕照雌黄笔，秋烟水墨屏。”（南宋·白玉蟾《景泰晚眺》）后来，“雌黄”引申为篡改原意、胡说八道的意思，南北朝教育家颜之推告诫子孙：“观天下书未遍，不得妄下雌黄。”（《颜氏家训·勉学》）成语“信口雌黄”亦有类似的意思。

“秋香”是秋天的郁黄，“禾乃登”意味着谷物成熟。“秋香”是一种浅黄绿色，也被写作“湘色”，俗称“香色”。由于“秋香色”含绿色的成分比较多，所以成为黄色系中偏冷的一种颜色，给人带来一种尊贵、优雅、温和、内敛的感觉。《红楼梦》中提到过一种高级的丝织品叫“软烟罗”，这是一种极薄的罗纱，可以用来糊窗屉、做帐子，远远看去就像是烟雾一般。这“软烟罗”只有四种颜色，其中一种就是秋香色，这种颜色在当时是阶层身份和社会地位的象征，深受上流社会的推崇。在唐代诗人李贺的眼中，这“秋香色”还带着几分凝重与苍凉。“画栏桂树悬秋香，三十六宫土花碧。”（《金铜仙人辞汉歌》）因病辞官的李贺由长安奔赴洛阳，因魏明帝迁移汉宫铜人的事件而感慨不已。这首诗既是叹自身遭遇，更是叹盛衰兴亡，那黄绿色的桂花，碧绿色的苔藓，正是诗人凝重心情的表达。“天若有情天亦老”，渐行渐远的金铜仙人，衰兰相送的悲凉情境，“深刻奇幻，可泣鬼神”。

其他如“蜜合”亦称“密合”，是一种偏白的微黄色。《金瓶梅》（第二十七回）中：“只见潘金莲和李瓶儿家常都是白银条纱衫儿，蜜合色纱挑线穿花凤缕金拖泥裙子……”《红楼梦》第八回中，薛宝钗穿着一件蜜合色的棉袄。“半见”正是柳梢微黄，“韶光归汉苑，柳色发春城。半见离宫出，才分远水明。青葱当淑景，隐映媚新晴。积翠烟初合，微黄叶未生。迎春看尚嫩，照日见先荣。倘得辞幽谷，高枝寄一名。”（唐·张季

略《小苑春望宫池柳色》）半见之色，若有若无。“断肠”亦即柳黄，“江柳断肠色，黄丝垂未齐。”（唐·戎昱《江上柳送人》）

黄皮肤、黄土地。中国古人用多样而生动的黄颜色，创造了丰富瑰丽的人文景观，点燃了灿烂辉煌的华夏文明。

诗文雅韵

软烟罗[1]

清·曹雪芹

说笑一会，贾母因见窗上纱的颜色旧了，便和王夫人说道：“这个纱新糊上好看，过了后来就不翠了。这个院子里头又没有个桃杏树，这竹子已是绿的，再拿这绿纱糊上反不配。我记得咱们先有四五样颜色糊窗的纱呢，明儿给他把这窗上的换了。”凤姐忙道：“昨儿我开库房，看见大板箱里还有好些匹银红蝉翼纱，也有各样折枝花样的，也有流云卍福花样的，也有百蝶穿花花样的，颜色又鲜，纱又轻软，我竟没见过这样的。拿了两匹出来，作两床绵纱被，想来一定是好的。”贾母听了笑道：“呸，人人都说你没有不经过，不见过，连这个纱还不认得呢，明儿还说嘴。”薛姨妈等都笑说：

1　节选自《红楼梦》第四十回，题目为本书作者所加。

"凭他怎么经过见过，如何敢比老太太呢?老太太何不教导了他，我们也听听。"凤姐也笑说："好祖宗，教给我罢。"贾母笑向薛姨妈众人道："那个纱，比你们的年纪还大呢。怪不得他认作蝉翼纱，原也有些像，不知道的，都认作蝉翼纱。正经名字叫作'软烟罗'。"凤姐道："这个名儿也好听。只是我这么大了，纱罗也见过几百样，从没听见过这个名色。"贾母笑道："你能够活了多大，见过几样没处放的东西，就说嘴来了。那个软烟罗只有四样颜色：一样雨过天晴，一样秋香色，一样松绿的，一样就是银红的，若是做了帐子，糊了窗屉，远远的看着，就似烟雾一样，所以叫作'软烟罗'。那银红的又叫作'霞影纱'。如今上用的府纱也没有这样软厚轻密的了。"薛姨妈笑道："别说凤丫头没见，连我也没听见过。"

《红楼梦》堪称一部清代社会的百科全书，清代学者诸联在《红楼评梦》中说："作者无所不知，上自诗词文赋，琴理画趣，下至医卜星相，弹棋唱曲，叶戏陆博诸杂技，言来悉中肯綮。想八斗之才，又被曹家独得。"

《红楼梦》第四十回的题目为"史太君两宴大观园 金鸳鸯三宣牙牌令"，内容讲的是贾母带着刘姥姥浏览大观园。当贾母带着众人来到林黛玉的住处"潇湘馆"时，大家聊到了一种布料，叫作"蝉翼纱"。所谓"蝉翼纱"，指的是一种又轻又薄像蝉翼一样的细纱，质地轻软，常用作窗纱。此时，凤姐提到库房里有好些“银红蝉翼纱”，颜色鲜艳，纱质更为轻软，从未见过。

文史小贴士

鸧鹒鸣

“鸧鹒”指黄鹂，“鸧鹒鸣”即黄鹂鸟鸣叫，为二十四节气·惊蛰的三候（桃始华、鸧鹒鸣、鹰化为鸠）之一。

鵙始鸣

“鵙”是古人对“伯劳”鸟的称谓，亦即“博劳”。“始鸣”指伯劳鸟开始鸣叫，为二十四节气·芒种的三候（螳螂生、始鸣、反舌无声）之一。

蛰虫咸俯

“蛰虫咸俯”是二十四节气·霜降的三候之一，意指昆虫不再活动而蛰伏于洞穴之中。

天子独享的颜色

天地万物，色彩缤纷，人们享受大自然的馈赠，以彩施色，何其乐哉。

《尚书》中有一段话：“予欲观古人之象，日月星辰，山龙华虫，作会；宗彝藻火，粉米黼黻，絺绣；以五采彰施于五色，作服，汝明。”大意是说，若弘扬传统文化，可将古人的各种图文形象展示给现在的人们，参照古人绘制的日月、星辰、山形、卷龙、斑斓野鸡等图案，装饰我们的器物；借鉴古人绣织的宗彝、水草、火字形、白色米粒、斧形花纹、正反两“弓”图案等绣衬我们的衣物；集合这些丰富的图案及多彩纹样，用青黄黑白赤五种色彩，在缯帛、衣料上生动描绘，精心刺绣，这些色彩夺目、光彩照人的服饰可以彰显不同人的身份。

以色彩为服饰增光，借服饰彰显身份，于

是颜色与身份之间就具有了某种对应关系。古人很早就确定了“五正色”的观念，《周礼·春官·大宗伯》不仅点明了“五正色”的具体称谓，还给出了“五正色”与“五方”（东、西、南、北、中）的对应关系，甚至还详细描述了礼器和颜色的意象：“以玉作六器，以礼天地四方，以苍璧礼天，以黄琮礼地，以青圭礼东方，以赤璋礼南方，以白琥礼西方，以玄璜礼北方。”“黄琮”即黄色的瑞玉，按照“阴阳五行”的说法，“黄色”属“土”，代表孕育万物的苍茫大地。在整个“黄色”系中，有一种黄色最受尊崇，甚至被帝王垄断了一千多年，这种黄色便是“柘黄”。

据《大唐六典》记载，“自隋文帝制柘黄袍及巾、带以听朝，至今遂以为常。”由此可见，从隋文帝杨坚开始，“柘黄”色被确定为皇袍的专用色。

唐代元稹《酬孝甫见赠十首》中有这样一联诗：“雉尾扇开朝日出，柘黄衫对碧霄垂。”这“柘黄衫”指的就是穿着“柘黄”袍子的人，也就是皇帝。唐代诗人王建写道：“蓬莱正殿压金鳌，红日初生碧海涛。闲著五门遥北望，柘黄新帕御床高。”（《宫词》）这位穿着“柘黄”服饰、高座御床的人，自然就是皇帝了。

宋代以后，“柘黄”更是明确地被定为“天子之服”。“柘袍临池侍三千，红妆照日光流渊。”（宋·苏轼《书韩干牧马图》）很显然，“柘袍”指的就是皇帝。“中原日月用胡历，幽州老酋着柘黄。”（南宋·陆游《秋兴》）陆游在一个秋天的夜晚登上成都北门，感慨于山河兴废，以致夜不能寐；眼见中原大地遭金人铁蹄蹂躏，金国君主柘黄加身，这让陆游的内心十分苦闷。《大金国志·服色》中的记载，也印证了女真族政权金的皇帝穿着“柘黄”袍的事实：“国主视朝服：纯纱幞头，窄袖赭袍，玉遍带，黄满领。”这里的“赭袍”即赭黄袍。再有，《辽史·仪卫志二》记载：“皇帝翼善冠，朔视朝用之。柘黄袍，九环带，白练裙襦，六合靴。”可见，同时代契丹族政权辽的皇帝也身着柘黄袍。

到了元代，顾瑛在诗中写道：“姊妹相从习歌舞，何人能制柘黄衣。”（《天宝宫词寓感》）王逢在诗中写道：“九日天涯桑落酒，三军城上柘黄袍。”（《秋感》）这些诗中都提到了“柘黄衣”或“柘黄袍”。明·李时珍《本草纲目》记载：“柘木染黄赤色，谓之柘黄，天子服柘黄。”

到了清代，“明黄”色取代了“柘黄”色。“明黄”纯度更高，用以彰显皇权。《清史稿·志七十八·舆服志》记载：“龙袍，色用明黄。”而老百姓严禁使用这种颜色，稍有不慎便会惹来杀身之祸。

其实，除了“柘黄”之外，古人所谓的“黄色”是一个庞大的色系，具体说来至少有几十种色样，每一种具体的颜色背后都包含着人们对天地万物的认识，反映了当时的文化传统和社会风尚。

酬孝甫见赠·之四

唐·元稹

曾经绰立侍丹墀，
绽蕊宫花拂面枝。
雉尾扇开朝日出，
柘黄衫对碧霄垂。

《酬孝甫见赠》是一组诗，共十首，此诗为第四首。据研究者考证，这组诗写于唐宪宗元和五年至九年（810—814）。诗中写到的“雉尾扇”“柘黄衫”都与古代皇帝的仪仗和服饰有关。

西晋崔豹《古今注》中“舆服”记载：“雉尾扇起于殷世，高宗时有雊雉之祥，服章多用翟羽。周制以为王、后、夫人之车服，舆车有翣，即缉雉羽为扇翣，以障翳风尘也，汉朝乘舆服之，后以赐梁孝王。魏晋以来无常，惟诸王皆得用之。”由此可见，雉鸟的羽毛很早就被用于帝王的仪仗之中，成为一种华丽的装饰，到了唐代已成为皇家礼仪的常用之物。据史料记载，唐开元年间，大臣萧嵩上疏建议，皇帝每月朔、望受朝于宣政殿，上殿前用羽扇障台，俯仰升降，不令众人见，待坐定后始开扇，从此定为朝仪。

而“柘黄衫”说的是赤黄色之袍。据史料记载，以柘黄染色的织物在月光下呈泛红的赭黄色，在烛光下则显现为赭红色，色泽炫目，颇受隋文帝杨坚的喜爱。于是，他“制柘黄袍及巾、带以听朝”，成为中国历史上第一位穿柘黄衫、戴柘黄色头巾及带子上朝听政的皇帝。

文史小贴士

宗彝

宗彝指古代宗庙祭祀所用的礼器，也指天子祭服上所绣的虎与蜼的图案。

藻火

藻火指古代官吏绣在官服上的水藻和火焰的图案。

粉米

粉米指古代贵族礼服上的白色米形花纹。

黼黻

黼黻指古代礼服上所绣花的花纹，黑白相间作斧形的图案为“黼”，黑青相间正反两“弓”相背的图案为“黻”。

火一样的“中国红”，传承千年的流行色

若问古人最看重什么颜色？“红色”是一个重要选项，确切地说是“中国红”。从洞房花烛到金榜题名，从穿衣着装到居所布置，从剪纸年画到城墙门楼，从京剧脸谱到手工艺品，中国人尚红的习俗随处可见。

在古人看来，红色象征吉祥、喜庆、积极、向上，热情、奔放，果敢、正义……红色来自祖先对太阳与火的崇拜，五行中的“火”对应的颜色便是红色。古人先是从矿物颜料中提取红色，赤铁矿粉末和朱砂便是天然的颜料。自周朝开始，古人又从植物中提炼染料，茜草、红花、苏芳都被用来点染那一抹亮丽的中国红。从此，红色逐渐成为贵重的颜色，被赋予正统的地位，成为时代流行色。

红彩绳纹状元红酒坛（清·道光）

周朝时贵族男子以穿大红衣裳为尊贵的象征，《诗经·豳风·七月》记载："载玄载黄，我朱孔阳，为公子裳。"诗句中描写了两千多年前陕西旬邑、彬州一带古老农业部落的社会风尚，勤劳、聪慧的姑娘们辛苦劳作，她们纺丝织麻，然后给丝和麻染色，有黑色、黄色，而以红色最为鲜明，要献给贵族公子做华美的服饰。

大红水波纹羽纱单雨衣（清·康熙）

大红色缂丝彩绘八团梅兰竹菊袷袍（清·道光）

"中国红"只是中国古代红色系的一个统称，具体而言还有一系列细致的区分。最常见的是"大红"也叫"正红"，古代还称之为"绛"。东汉许慎在《说文解字》中这样解释："绛，大赤也。"这里的"大赤"，说的就是"大红"色。明代宋应星在《天工开物》中详细记载了"大红"色料的制作过程："其质红花饼一味，用乌梅水煎出，又用碱水澄数次。或稻藁灰代碱，功用亦同。澄得多次，色则鲜甚……"这段话记述了"大红色"染料的做法：以红花饼作为原料，用乌梅水煎煮出来，再用碱水澄清几次；如果用稻草灰代替碱水，效果大致相同；多澄清几次之后，颜色就会非常鲜艳。

在古人看来，“大红”的色彩饱和度高，是一种吉祥、喜庆的颜色。在古代的婚庆习俗中，新婚男女都要身穿红衣红衫，这种风俗沿袭至今。逢年过节也离不开红色，大红灯笼象征着阖家团圆、事业兴旺、红红火火，寓意幸福、光明、富贵、圆满。

大红色缎绣花卉彩帨（清）

古典文学名著《红楼梦》中，对主要人物的描写离不开红色。以贾宝玉为例，他先是住在绛云轩，后来搬到怡红院，别号怡红公子、绛洞花主，或明或暗总离不开红色。在曹雪芹的笔下，贾宝玉一出场：“头上戴着束发嵌宝紫金冠，齐眉勒着二龙抢珠金抹额，穿一件二色金百蝶穿花大红箭袖，束着五彩丝攒花结长穗宫绦，外罩石青起花八团倭缎排穗褂，蹬着青缎粉底小朝靴。”尽显富贵华丽。清代《大清会典》规定，皇帝在天坛祭祀时必须穿红色的朝服，足见古人对红色的重视。

纵观传统文化，色彩是很重要的组成部分。中华民族很早就懂得使用色彩，结合五行中的土、木、火、水、金，将黄、青、赤、黑、白五种颜色作为正色，其中融合了中国古人对天地万物的认识，渗透了中国人的自然观、宇宙观，反映了他们的哲学思想和伦理观念，形成了独树一帜的中国色彩文化。

休洗红

魏晋·无名氏

其一

休洗红，洗多颜色淡。不惜故缝衣，记得初按茜。
人寿百年能几何？后来新妇今为婆。

其二

休洗红，洗多红在水。新红裁作衣，旧红翻作里。
回黄转绿无定期，世事反复君所知。

这是一首魏晋时期的乐府歌辞，以日常生活喻人生哲理，通俗易懂，朗朗上口。中国人自古尚红，红色早已渗透到人们日常生活的方方面面，甚至参与了词语的构造。比如“红颜”这个词，在“颜”字前面加上一个“红”字，立即有了鲜明的形象感，不仅可以指代年轻貌美的女子，还可以形容女子的青春。而红色的褪淡就好像青春的消逝，难免让人唏嘘感慨。

“洗红”是民间生活中常见的劳动，红色衣物水洗之后，红颜色渐渐褪去，这是妇女最熟知的生活经验，也是最容易激发共鸣的世间道理。在传统文化中，流水隐喻时光，一去不返，诗中虽然没有明说，却暗含此意。诗中所提到的“茜”指的是茜草，是一种多年生蔓草，草根可以用作红色染料。这两首乐府歌辞的意思十分明了，以洗衣这种生活琐事来抒发红颜终老、时光荏苒、年华易逝的感慨。

文史小贴士

《天工开物》

《天工开物》是一部集中反映中国古代生产技术的综合性著作，作者是明末科学家宋应星（1587—约1666），字长庚，江西省南昌府奉新县北乡（今江西奉新宋埠）人。

五行

“五行”是中国古代哲学中的一个基本概念，是用来表述宇宙万物和人类社会属性及其变化规律的范畴系统。“五行”概念的起源尚不确定，但早在《尚书·洪范》中已有明确记载：“五行：一曰水，二曰火，三曰木，四曰金，五曰土。”《国语·郑语》中也有记载：“先王以土与金、木、水、火杂，以成百物。”

《大清会典》

《大清会典》是清朝官修典章制度的汇编，又称“五朝会典”，它是康熙、雍正、乾隆、嘉庆、光绪五个朝代所修会典的统称。

“碧血丹心”说的是哪种“绿”

在中国古代，有一种颜色来自生机勃勃的大自然，它象征自由与新鲜，寓意青春和希望，这种颜色就是绿色。

中国古人对绿色有独到的见解，《庄子》讲述了一个“苌弘化碧”的故事：“人主莫不欲其臣之忠，而忠未必信，故伍员流于江，苌弘死于蜀，藏其血，三年而化为碧。”说的是春秋时期，天下纷乱，世事难料，周景王的大臣刘文公手下有一个叫苌弘的大夫，对国家忠

绿釉陶狗（东汉）

巩义窑绿釉小壶（唐）

心耿耿，却在诸侯内乱中遭人陷害，被流放到蛮荒的蜀地，最后剖腹而死。当地的老百姓很同情他，也很怜爱他，就把他流的血用玉匣子盛起来。不想数年之后，鲜血化为碧玉，苌弘的故事被世人传扬。所以，在中国古代“绿色”也象征忠君爱国、满腔赤诚，古人将忠臣烈士所流之血称之为“碧血”，“碧血丹心”的成语也由此而来。

“丞相英灵迥未消，绛帷灯火飒寒飚。黄冠日月胡云断，碧血山河龙驭遥。花外子规燕市月，水边精卫浙江潮。祠堂亦有西湖树，不遣南枝向北朝。”（明·边贡《谒文山祠》）有感于文天祥的高尚情操和浩然正气，明代诗人边贡将其遇害比喻为“碧血山河”，想象文天祥的精魂化作子规鸟，在燕京柴市的月夜鸣叫；其志向好比精卫舍身填海，其赤诚亦如伍子胥殒命激滔扬波。文山祠（即文天祥祠）四周树木掩映，遣枝向南，让人联想

黄地绿彩云龙纹尊（明·正德）

兰亭修禊绿御墨（清·乾隆）

绿釉刻划花单柄壶（辽）

瓜皮绿釉暗划云凤纹尊（明·嘉靖）

绿地粉彩花叶式笔掭（清）

绿地粉彩荷花纹花盆（清·光绪）

碧玺珠翠手串（清）

翠十八子手串（清）

到西子湖畔岳飞墓旁的枝条向北遥望，忠烈之心天地可鉴。

“香台咫尺渺人琴，万里寒潮送夕阴。报国千年藏碧血，毁家十载散黄金。”（明末清初·张煌言《吊沈五梅中丞》）南明流亡政权得知沈五梅（字廷扬，明末崇明县人，被清军俘获后杀害）殉难后设灵祭奠，死里逃生的张煌言为哀悼他写下此诗。诗中借用王徽之哀悼王献之“人琴俱亡”的典故来抒发沉痛心情，从灵堂内香烟袅袅、亡灵寂寂写到灵堂外万里寒潮、暮云霭霭，以阴云万里的惨淡景象烘托吊唁者的悲凉心境和悲伤感情。更重要的是，张煌言用苌弘化碧的典故比喻沈五梅忠义报国流尽鲜血，国难未

碧玉龙纽“武功十全之宝”（清·乾隆）

碧玉龙耳带托杯（清·乾隆）

已，壮志难酬，仁人志士的一片丹心撼天动地。

当然，在古人的眼中绿色是一个庞大的色系，针对每一种具体绿色的命名十分讲究，且充满了浓郁的人文气息。以“春之绿”为例，细分下来竟有几十种：东风解冻起于“天缥”，承之“沧浪”，转而“苍筤”，合乎“缥碧”；草木萌动起于“欧碧”，承于“春辰”，转而“碧山”，合乎“青青”……

有别于稍显沉重的碧绿，春日里萌发的“新绿”带给人们清新而富有活力的感觉，这种新鲜树叶所独有的“嫩绿”，在古代诗文中多有呈现。唐朝诗人李咸用在《庭竹》中写道：“嫩绿与老碧，森然庭砌中。”北宋词人柳永在《西平乐》中写道：“正是和风丽日，几许繁红嫩绿，雅称嬉游去。”这情景多美，让人赏心悦目，正是风和日丽的好日子，多少繁茂的红花，嫩绿的叶子，吸引人们踏青赏景，说出一句“大自然那么美，我要去看看！”北宋词人晏殊在《渔家傲》中写道：“荷叶荷花相间斗，红娇绿嫩新妆就。”明朝诗人魏宪在《舟中早发》写道：“嫩绿初归柳，新红浅著花。”很明显，在中国古代文人的心中，这嫩绿色真是美丽至极！

碧玉刻诗扳指（清·乾隆）

碧玉夔纹大璧（清·乾隆）

庭竹

唐·李咸用

嫩绿与老碧，森然庭砌中。
坐销三伏景，吟起数竿风。
叶影重还密，梢声远或通。
更期春共看，桃映小花红。

禹之鼎竹浪轩图卷（清）

自古以来，文人多爱竹，甚至形成了一道“竹文学”的风景线。竹子是绿色的，它给人的美感最直观、最强烈。每当蓬勃的翠竹映入眼帘，文人们便不惜笔墨加以赞美。在诗人的眼里，迷人的绿色是内涵丰富的。“绿”与“碧”被用来形容竹子的色彩之美。同样，历代文人也会用“翠”“筠”“青”“秀”等字来尽述竹之绿的丰富层次。

竹不同于松的肃穆，柳的轻盈，桃的妖艳，它绰约婆娑，千姿百态，独具其美。作为大自然的馈赠，当色彩与音响结合，香气并风韵共舞，竹与人、物与心融在一起，诗人所表达的不仅是对竹的歌赞，更是对理想人格的执着追求。

文史小贴士

天缥

天缥是古人对晴空天色的命名，类似于浅蓝绿色。许慎《说文解字》：“缥，帛青白色也。”刘熙《释名·释采帛》注“缥，犹漂漂，浅青色也。有碧缥，有天缥，有骨缥，各以其色所象言之也”。

沧浪

沧浪是古人对类似于沧浪之水的一种浅蓝绿色的命名。

苍筤

苍筤是古人对竹子初生之时那种绿色的命名。《周易·说卦》曰“（震）为苍筤竹”。孔颖达疏“竹初生之时，色苍筤，取其春生之美也”。

缥碧

缥碧是古人对一种浅青色的命名，东汉·陈琳《神武赋》：“文贝紫瑛，缥碧玄绿。”西晋·左思《吴都赋》：“紫贝流黄，漂碧素玉。”南唐·李煜《子夜歌》，其中有“缥色玉柔擎，醅浮盏面清”。

欧碧

欧碧是古人对一种洛阳牡丹花色的命名，类似于浅绿色。南宋·陆游《天彭牡丹谱》记载：“碧花止一品，名曰欧碧。其花浅碧，而开最晚。独出欧氏，故以姓著。”

春辰

春辰是古人对辰星之色的命名，类似于浅黄绿色。《史记·天官书》记载：“辰星之色：春，青黄。”

碧山

碧山是古人对山绿色的一种命名，唐诗中多有提及。

青青

青青是古人对草木青绿色的一种命名。《诗经·郑风·子衿》：“青青子衿，悠悠我心”。朱熹《诗集传》注“青青，纯缘之色。”

好吃的榛子，竟有6000年的历史

榛子，又名山板栗、尖栗或棰子，双子叶植物纲、桦木科、榛属的一种落叶灌木或小乔木，是世界上四大干果之一，享有“坚果之王”的美誉。殊不知这种人见人爱的零食坚果，在中国古代已经有几千年的历史了。

《诗经·鄘风》中有这样一段记载：“定之方中，作于楚宫。揆之以日，作于楚室。树之榛栗，椅桐梓漆，爰伐琴瑟。”这段文字特别有趣，记录了在楚丘这个地方修建宫殿的前后历程。

先秦时期，古代科学技术还比较原始，建造房屋需要定位定向，当时只能依靠太阳和星星。宫殿周围的绿化也需要提前做准备，通常的做法是：在宫殿、朝堂等建筑基础周围种植名木，如“九棘”“三槐”之类。除此之外，据说在楚丘建造的这些宫殿和庙宇周围，还种植了“榛栗”，这两种树的果实可供祭祀。从这段记载不难看出，早在三千年前，中国人就已经成功地栽培榛子树了。

还有比《诗经》更早的吗？当然有。陕西半坡遗址中曾出土大量炭化的榛子果实和果壳，这说明六千年前古人已经开始食用榛子的果实了。

在后续的历史发展过程中，榛子也一直没有离开人们的生活。西汉学者刘歆在《西京杂记》中描绘了西汉上林苑种植各种树木的盛景，其中就包括榛子树；北魏末年，贾思勰也在他的《齐民要术》中记载了榛子的种植方法；明代末年，王象晋的《群芳谱》还对榛子的栽培技术做了进一步细化；到了清代，辽宁地区还设有“御榛园”，产出的榛子作为贡品进献宫廷。

为了提高榛果的品质和产量，20世纪中期，中国的植物学家和园艺学家就开始从欧美引进榛属资源；20世纪80年代以来，开始尝试中国榛和欧榛的杂交。现如今，我国榛子种植的范围已扩展至24个省（区、市），面积已达到150多万亩，榛果生产也从单纯利用野生资源走向了园艺化生产。这小小的榛子，不仅仅是大自然的馈赠，更是人们劳动和智慧结出的硕果。

诗文雅韵

定之方中

先秦·佚名

定之方中，作于楚宫。

揆之以日，作于楚室。

树之榛栗，椅桐梓漆，爰伐琴瑟。

升彼虚矣，以望楚矣。

望楚与堂，景山与京。

降观于桑，卜云其吉，终然允臧。

灵雨既零，命彼倌人：

星言夙驾，说于桑田。

匪直也人，秉心塞渊，騋牝三千。

《诗经》的第一部分是风，包括《周南》《召南》《邶风》《鄘风》《卫风》《王风》《郑风》《齐风》《魏风》《唐风》《秦风》《陈风》《桧风》《曹风》和《豳风》，合称为“十五国风”，共一百六十篇。“风”是带有浓厚地方色彩的民间乐歌，反映的是周初到春秋时期各地人们的生活、思想和感情。

此诗分三章，每章共七句，意在歌功颂德。文中赞颂卫文公徙迁复国，从事建设，发展农桑，夙兴夜寐，操劳国事。首章写在楚丘营建宫室的活动。“定”是星宿名，又叫“营室星”；“方中”就是正中的意思，“定之方中”即定星出现在正南天空的意思。每当夏历十月至十一月之交，定星会在黄昏时分出现在正南天空，此时就可以准确地测定南北方位，为宫室的建造来定向。“揆”是测度的意思，当时人们根据日影来测定东西方位。“树”是种植的意思，“榛”“栗”“椅”“桐”“梓”“漆”都是不同品种的树木。其中，“榛”和“栗”的果实可以用来祭祀；而“椅”“桐”“梓”“漆”四种树成材以后都是制作琴瑟的好材料。正所谓“十年树木，百年树人”，卫文公带领国人在楚丘营建京邑，乃是要励精图治，中兴卫国。立国之初就能考虑长远，规划出祭祀之果实、琴瑟之良材，可见卫文公的远大志向与笃定自信。

文史小贴士

《西京杂记》

《西京杂记》是一部古代历史笔记小说集，一般认为是西汉刘歆撰写，东晋葛洪辑抄，“西京”指的是西汉首都长安。《西京杂记》的内容涉及宫廷制度、礼节习俗、奇闻逸事等，被视为一部介绍西汉帝王后妃、公侯将相、方士文人等的志人小说。书中不少故事广为流传，甚至成为后代传奇小说及戏曲剧目的素材，如“秋胡戏妻”“画工弃市”“卓文君当庐卖酒”等。

《齐民要术》

《齐民要术》是我国现存最古老、最完整的一部农学名著，作者为北魏杰出的农业科学家贾思勰，写成于534—544年之间。

好吃的枇杷，古诗中的“网红”

表示水果的“枇杷”，和表示乐器的“琵琶”，两个词读音一模一样，它们之间到底有没有关系呢？答案是：有。很早以前，“枇杷”和“琵琶”竟是指同一件事物。

沈周枇杷图轴（明）

作为一种乐器，“琵琶”出现于秦汉时期，亦称“批把”。之所以叫这个名字，与它的弹拨方法有关。“枇杷本出于胡中，马上所鼓也。推手前曰枇，引手却曰杷，象其鼓时，因以为名也。”（东汉刘熙《释名·释乐器》）“批把谨按此近世乐家所作，不知谁也。以手批把，因以为名。”（东汉应劭《风俗演义》）可见“琵琶”来自异域，最早是在马上弹奏，手势外推为“批”，手势内收为“把”；又因“琵琶”底部与枇杷叶的外形相似，琴身又以木制，从木而作“枇杷”。大约在汉末或魏晋时期，改为琴字头，归为琴、瑟一类的乐器，“琵琶”的名称最终确定下来。

青花枇杷绶带鸟纹大盘（明）

作为一种果木，枇杷在秋天或初冬开花，在春天至初夏结果，堪称“独备四时之气”，历来受到人们的喜爱。枇杷花芳香袭人，枇杷果金黄灿烂，枇杷叶墨绿深沉，它从来都是文人笔下的“网红”，入诗有诗情，入画有画意。

唐代诗人王建写道：“万里桥边女校书，枇杷花里闭门居。扫眉才子知多少，管领春风总不如。”女校书指薛涛，她是成都的歌舞艺人，被誉为唐代四大女诗人之一。这句“枇杷花里闭门居”意境很美，繁花似锦、洁白无瑕，清丽优雅的女子抚琴作诗，飘飘然宛若仙子。唐代诗人岑参写道：“满寺枇杷冬著花，老僧相见具袈裟。”（《赴嘉州过城固县寻永安超禅师房》）城固县位于陕西南部汉中盆地腹部，这里气候温和，雨量充沛，冬无严寒夏无酷暑，被誉为西北地区的“小江南”。即使在冬天，永安寺里也有枇杷花盛开。南宋文学家周紫芝这样赞咏枇杷花：

“枝头红日退霜华，矮树低墙密护遮。黄菊已残秋后朵，枇杷又放隔年花。”（《十月二十日晨起见枇杷花》）枇杷的果实一般在春夏之交成熟，唐代文学家柳宗元在诗中写道：“寒初荣橘柚，夏首荐枇杷。”

唐上元元年（760）初夏，杜甫卜居成都浣花草堂，眼见得草木生长，欣欣向荣，他感受到农舍生活的闲适自得：“田舍清江曲，柴门古道旁。草深迷市井，地僻懒衣裳。杨柳枝枝弱，枇杷对对香。鸬鹚西日照，晒翅满渔梁。”（《田舍》）其中“杨柳”一联信手拈来，传为佳句。枇杷是蔷薇科常绿乔木，圆锥花序顶生，果实呈球形或长圆形，多有对生者，“枝枝弱”与“对对香”相对，语言精练且富于美感，枇杷的鲜活形象跃然纸上。

同样是写枇杷，宋代梅尧臣的《隐静遗枇杷》却别有情趣：“五月枇杷实，青青味尚酸。猕猴定撩乱，欲待热应难。”枇杷的果实虽然还没有成

林椿枇杷山鸟图页（宋）

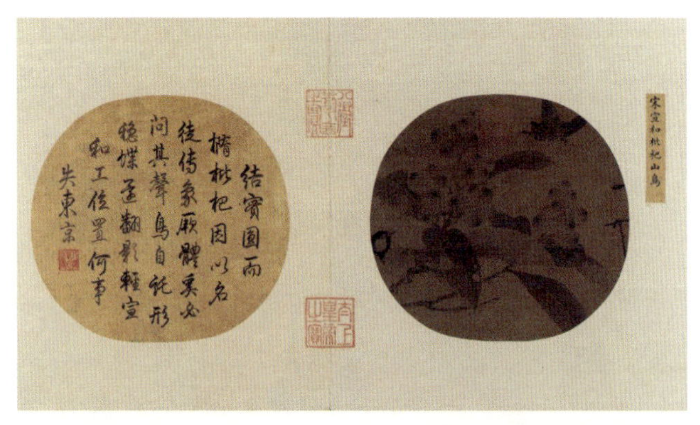

赵佶枇杷山鸟图页（宋）

熟，但等候吃枇杷的心情却已经启程。

枇杷树的品种很多，果实亦有别名，如“卢橘”“金丸”“蜡兄”“粗客”等。苏轼被贬惠州时，曾赞美罗浮山的绿意盎然、生机勃勃，诗中写道：“罗浮山下四时春，卢橘杨梅次第新。日啖荔枝三百颗，不辞长作岭南人。”（《食荔枝二首》）诗句中的“卢橘”指的就是枇杷。元末明初文学家陶宗仪《南村辍耕录》中记述，“世人多用卢橘称枇杷”。枇杷果实金黄，因此文人将其比作“金丸”。宋代诗人刘子翚写道：“万颗金丸缀树稠，遗根汉苑识风流。”明代诗人高启写道：“落叶空林忽有香，疏花吹雪过东墙。居僧记取南风后，留个金丸待我尝。”（《东丘兰若见枇杷》）清代词人朱竹垞写道：“几阵疏疏梅子雨。也催得嫩黄如许。笑逐金丸，看携素手，犹带晓来纤露。 寒叶青青香树树。记东溪、旧曾游处。日影堂阴，雪晴花下，长见那人窥户。”（《明月棹孤舟》）这与宋代周必大诗句中的意境颇有几分相似：“昭阳睡起人如玉，妆台对罢双蛾绿。

琉璃叶底黄金簇，纤手拈来嗅清馥。可人风味少人知，把尽春风夏作熟。”

枇杷因其大叶粗枝，称为“粗客”；果实色黄似蜡，称为“蜡兄”。它终年绿荫罨画，婆娑可爱，又可入药，救人病苦，真可谓“盘中珍果”“满树金丸”。

诗文雅韵

初夏游张园

宋·戴复古

乳鸭池塘水浅深，熟梅天气半晴阴。
东园载酒西园醉，摘尽枇杷一树金。

戴复古是南宋时期著名的“江湖派”诗人，一生没有做官，游走江湖，过着职业诗人的生活。他曾跟随陆游学诗，创作受到晚唐诗风的影响，兼具江西派风格。这首诗最精彩之处，莫过于“摘尽枇杷一树金”。诗人用“一树金”来写枇杷，体现了超凡的创意。一树枇杷的果实，颗颗饱满，金黄灿烂，令人垂涎。明亮的色彩展现于读者的眼前，十分形象，也很传神。给人的感觉是一树金光灿烂，一树丰收，一树欢悦。在这自然美景中，诗人携酒游玩，从东园到西园，直至酣醉，还把树上的枇杷果实摘下来品尝，欢畅的心情溢于言表。

文史小贴士

浣花草堂

浣花草堂是杜甫流寓成都时的故居，位于成都市西门外的浣花溪畔。杜甫在草堂居住了近四年，创作诗歌240余首，写下《春夜喜雨》《蜀相》《茅屋为秋风所破歌》等千古名篇。

岭南

岭南是古代中原人对五岭以南地区的称呼。五岭指越城、都庞、萌渚、骑田、大庾，其区域包括今广东、广西、海南以及香港、澳门等地。

好吃的花生米，400年的美食故事

我们平时所说的“花生”，中文学名叫“落花生”，蔷薇目、豆科、落花生属的一年生草本植物，它果壳内的种子通称为“花生米”或“花生仁”，是人们常见的副食品，也是生产食用植物油的原料。在研究者那里，花生究竟是原产于我国，还是外来引进的品种，一直存在争论。一方面，我国的考古工作者确实发掘过数千年前疑似花生的种子；另一方面，在中国历史文献中，对花生的记载十分有限。

唐代人段成式编写了一部笔记小说集《酉阳杂俎》，其中有这样的记载：“形如香芋，蔓生”“花开亦落地，结子如芋，亦名花生”。元代有一个叫贾铭的人，他写了一本论述食物宜忌的养生专著《饮食须知》，里面记载说：“落花生，味甘、微苦、性平，形如香芋，小儿多吃，滞气难消。”虽然白纸黑字，文献里写的是“花生”，但有的研究者认为，说的不一定是花生，更像是某种芋头。

现在大家比较认可的一种说法是，“花生”是原产于南美洲的一种作物，大约在明代中晚期，自东南沿海传入我国。而最早传入的花生品种，是颗粒比较小的花生。明弘治年间，公元1500年前后，据《常熟县志》记载：人们将花生煮熟食用，“味甚香美”。明朝末年，学者方以智写了一本百科全书式的学术著作《物理小识》，其中提到了一种当时很流行的花生烹饪方法“锅炒花生”。书中说：下锅炒花生，“甘香似松子味”。

明末清初的一本笔记《阅世编》，具体解释了这种炒花生的方法：用沙子与去壳花生同时下锅翻炒，“用沙微炒，以色淡黄为度，则味松而香。”这种炒花生的方法，一直延续到今天——沙子导热，能让花生受热均匀，后来人们将其优化为用带壳花生下锅。这样炒制的花生，香脆可口，常作为干果招待宾客。（《清稗类钞》：“糖果（蜜渍品）、干果（落花生、瓜子之类）、鲜果（梨、橘之类）。”）

紫砂百果壶（清·乾隆）

粉彩像生瓷果品盘（清·乾隆）

在清代，花生得到大面积的种植。花生的炒法也在不断地进阶升级，除了“沙子炒花生”，又发展出“油炸花生米”，而且既可以放盐也可以放糖。清乾隆年间，出现了“煮花生”或“卤花生”，将花生放到糖水里加酱油烹煮。《台湾通史》记载花生“或佐食，或以子煮糖充茶品，台人莫不嗜之。”清末民初，大粒花生被引入国内，花生的品种和口感更加丰富，花生逐渐成为国人普遍接受和喜爱的一道小菜。

相传，民国时期的诸多文人都喜欢嚼上几粒花生：鲁迅先生一边读《天演论》一边吃花生米，他尤其喜欢妈妈做的花生，在日记里多次提到母亲送花生给他；老舍先生则是喜欢一边看《水浒传》，一边吃花生米。

诗文雅韵

谈味

清·袁枚

味甜自悦口，然甜过则令人呕；味苦自螫口，然微苦恰耐人思。要知甘而能鲜，则不俗矣；苦能回甘，则不厌矣。凡作诗献公卿者，颂扬不如规讽。余有句云：“厌香焚皂荚，苦腻慕蒿芹。”

这段文字出自清代诗人袁枚的著作《随园诗话》，大意是说：味道甜蜜自然口感好，但是甜过了头却令人作呕；味道苦涩，口感自然不好，但是稍微有点苦涩却耐人寻味；要知道既甜蜜且鲜美，才是不俗气；先苦涩后又转甜，才不会让人厌烦；凡作诗献给公卿的，颂扬不如规劝；我有一句诗说，因为不喜欢焚香的味道，所以点燃皂荚，苦烦了就想要一点蒿芹来改改口味。

袁枚是清代著名的学者、文学家，也是一位难得的美食家，他坦言自己“好味，好色，好葺屋，好游，好友，好花竹泉石，好珪璋彝尊、名人字画，又好书”。袁枚是清代文坛“性灵派”的代表人物，主张真实自然、自我适意，他将诗歌美学与生活美味巧妙地结合在一起，将“治味”与“治诗”融于一炉。有趣的是，中国传统诗学的一些重要概念和范畴都与“味”有关系，如“滋味”“意味”“韵味”“趣味”“体味”“兴味”“品味”等，这种最初来自于饮食的“味”，最终上升为艺术创造的审美标准，堪称独具特色的中华风尚。

文史小贴士

《酉阳杂俎》

唐代小说家、诗人段成式（约 803—863）编撰的一部史料笔记小说，所记有仙佛鬼怪、人事以至动物、植物、酒食、寺庙等等，分类编录，一部分内容属志怪传奇类，另一部分记载各地与异域珍异之物。是一部上承六朝，下启宋、明以及清初志怪小说的重要著作。

看古人如何写年终总结：王羲之的烦恼与董其昌的幸福

中国古人有一种“年关”的说法。“年关”指农历的年底，这时候人们总要盘点一年来的得失，做一个年终总结，其中既有烦恼，也有幸福。

东晋大书法家、被世人尊为“书圣”的王羲之晚年有一怕，怕什么呢？怕别人求字。有一年，他在“年终总结”中写道：真希望我的字不受欢迎，别人不来求字，或者我的腿脚麻

犀角雕岁寒三友纹杯（明）

利一些，有人求字，走为上。作为一名书法家，自己的作品被大家看重本来是一件好事，但王羲之却从中看到了人生浮沉、世俗冷暖。

王羲之早年做过官，官至右军将军、会稽内史。为官期间，他一向忧国忧民，他在书帖中说："百姓之命倒悬，吾夙夜忧此。"而现实又让他无所作为，他生活在矛盾之中，内心充满了痛苦。永和十一年（355）三月九日，内心充满悲愤的王羲之在父母灵前自誓，辞官归隐金庭。王羲之晚年的生活看似闲适，实则充满了忧虑与病苦。一方面，在他眼里，向他求字的这些人，各有动机、各怀心事，这种纷扰令他身心俱疲。另一方面，他的身体状况也不太好，"脚痛""腰痛""胛痛""头痛""齿痛""腹痛""肿痛""肿疾""疟疾""呕吐""下痢""脾

夏圭雪堂客话图页（南宋）

风”“耳痛”等疾病困扰着他。他曾在新年来到的时候寄书友人，在《杂帖》中写道：“忽然此年，感远兼伤，情痛切心，奈何奈何！”

正所谓“知人论世”，在“书圣”王羲之潇洒飘逸的书法背后，也有忧虑与病苦的人生体验，这让我们看到古人更加真实和鲜活的一面。

赵孟頫是元代著名的书画大家，被誉为“中国古代书画史上承前启后的大师”。他有一件传世珍品《鹊华秋色图》，被认为是“文人画”的集大成之作。董其昌是明代著名的书画大家，被认为是继赵孟頫之后的又一位书画大师。有趣的是，这两位相隔三百年的书画大家竟然也有隔空互动的时候。

当《鹊华秋色图》传至明代，董其昌竟有五次为该画书写题跋。其中最早的一次是“壬寅除夕”，此时董其昌四十八岁，他在题跋中写道：“余二十年前见此图于嘉兴项氏，以为文敏一生得意笔，不减伯时《莲社图》。每往来于怀。”大意是说，我20年前在嘉兴项家看见这幅画，认为这是赵孟頫一生的得意之作，丝毫不逊色于北宋大画家李公麟的《莲社图》，心中常

弘仁西岩松雪图轴（清·顺治）

玄烨行书除夕书怀轴（清）

常挂念着这幅画。“今年长至日，项晦伯以扁舟访余，携此卷示余。则《莲社图》已先在案上，互相展视，咄咄叹赏。”今年冬至那天，嘉兴人项晦伯乘着小船来拜访我，带来这幅《鹊华秋色图》，此前李公麟的《莲社图》已经在我的书案上，我们将这两幅名画交互展开，对比欣赏，不禁咄咄赞叹，乐在其中。这次会面后，项晦伯便将这幅传世名画交由董其昌收藏。

这段题跋太珍贵了，生动记录了四百多年前的一段画坛佳话。嘉兴人项晦伯与书画大师董其昌，带着对艺术的无比虔诚，将北宋李公麟的传世名作《莲社图》与元代赵孟頫的传世名作《鹊华秋色图》一并欣赏，这一刻是何等的难得、何等的幸福呀！可以猜想，壬寅年冬至这一天，或许是董其昌全年当中最难忘的一天，以至于到了壬寅年除夕，他仍然兴致勃勃地在《鹊华秋色图》画卷上写下这段题跋。这段仅有91个字的年终总结，堪称最有文化内涵的年终总结。

诗文雅韵

除架

唐·杜甫

束薪已零落，瓠叶转萧疏。

幸结白花了，宁辞青蔓除。

秋虫声不去，暮雀意何如。

寒事今牢落，人生亦有初。

杜甫的这首诗看似写瓠瓜，诉说它走过的生命历程，实则也是在回望人的一生，春华秋实，从“有初”到“牢落”。杜甫后半生流落各地，没有官职，自己和家人参加一些劳动来维持生计。正如诗中所写，他在家里搭了一个架子，种植蔬菜瓜果。到了秋天，诗人要把这个瓠瓜的瓜架拆除，这件事激发了他对人生的感慨。

天气逐渐变冷，春生、夏长、秋收、冬藏，大自然的规律依旧在运转，对于瓠瓜来说，它的这一轮生命该结束了。这就好像人的一生，波折起伏，潮起潮落，有过最初的梦想，也有过生命的收获，最终也会有落幕的时刻。《诗经·大雅·荡》中说“靡不有初，鲜克有终”，每个人都应该在年终岁尾的时候扪心自问，我们这一生从哪里开始，有没有好好地完成。

文史小贴士

《鹊华秋色图》

《鹊华秋色图》是元代书画家赵孟頫（1254—1322）的代表作，画中描绘了山东济南的鹊山和华不注山的秋色美景。此画构图平衡，大气古远，被誉为元代文人画的集大成之作。

《莲社图》

《莲社图》是北宋杰出画家李公麟（1049—1106）的作品，画中所描绘的是东晋庐山东林寺僧人结盟建社的故事，因当年寺内种植白莲，故名“白莲社”，简称“莲社”。李公麟自创“白描”技法，在艺术表现上开风气之先，被后世奉为楷模。

李公麟临韦偃牧放图卷（宋）

参考文献

1.阎崇年著. 故宫六百年［M］. 北京：华文出版社，2020.04.

2.郭丹主编. 福建历代名人传［M］. 福州：海峡文艺出版社，2019.04.

3.郑振铎著. 中国文学常识［M］. 成都：天地出版社，2019.01.

4.赵光勇主编. 汉魏六朝乐府观止［M］. 西安：陕西人民教育出版社，2019.01.

5.周振甫，冀勤编著. 钱钟书《谈艺录》读本［M］. 成都：巴蜀书社，2019.01.

6.冯贤亮著. 从康乾盛世到惊天巨变 清［M］. 上海：上海人民出版社，2018.06.

7.中国科学院自然科学史研究所编. 科学技术史研究六十年 中国科学院自然科学史研究所论文选 第2卷 地学史 生物学史 医学史 农学史［M］. 北京：中国科学技术出版社，2018.04.

8.刘凤珍主编；滕森编著. 史说中国大讲堂 双色图文版［M］. 北京：中国华侨出版社，2018.03.

9.游光中编著. 历代散文名句鉴赏［M］. 成都：四川辞书出版社，2018.01.

10.周伟洲，王欣主编. 丝绸之路辞典［M］. 西安：陕西人民出版社，2018.

11.黄天华著. 中国财政制度史 第1卷［M］. 上海：上海人民出版社，2017.10.

12.贺华编著. 西安碑林故事［M］. 西安：陕西人民出版社，2017.10.

13.王俊编著. 中国传统民俗文化 中国古代名字与别号［M］. 北京：中国商业出版社，2017.09.

14.程章灿撰. 南北朝诗选［M］. 北京：商务印书馆，2017.08.

15.马玮主编. 杜甫诗歌赏析［M］. 北京：商务印书馆国际有限公司，2017.06.

16.薛平拴著. 开放的大唐系列丛书 仓丰廪实［M］. 西安：西安出版社，2017.04.

17.柳坡，博溪编著. 故宫是座博物馆［M］. 北京：故宫出版社，2017.01.

18.姚继荣，姚忆雪著. 唐宋历史笔记论丛［M］. 北京：民族出版社，2016.12.

19.叶嘉莹编著. 给孩子的古诗词 讲诵版［M］. 北京：中信出版社，2016.09.

20.吴振华编著. 唐宋散文品读［M］. 芜湖：安徽师范大学出版社，2016.09.

21.刘光裕著. 先秦两汉出版史论［M］. 济南：齐鲁书社，

2016.09.

22.林欢著. 徽墨胡开文研究 1765—1965年［M］. 北京：故宫出版社，2016.08.

23.王仲荦著. 魏晋南北朝史［M］. 上海：上海人民出版社，2016.08.

24.于漪主编；聂剑平等编著. 青青子衿怡情乐生［M］. 太原：山西教育出版社，2016.05.

25.于漪主编；王友编著. 青青子衿天地化育［M］. 太原：山西教育出版社，2016.05.

26.谢永芳编著. 元稹诗全集 汇校汇注汇评［M］. 武汉：崇文书局，2016.04.

27.达州市人民政府主办. 达州年鉴 2015［M］. 成都：四川科学技术出版社，2015.11.

28.陈业新编著；冯天瑜，钮新强总顾问；刘玉堂，王玉德总主编. 长江文明之旅 长江流域的游艺竞技［M］. 武汉：长江出版社，2015.09.

29.中央电视台中文国际频道《文明之旅》栏目组编著. 煌煌五千年［M］. 北京：北京时代华文书局，2015.10.

30.张婷婷编. 线装藏书馆 中国传世花鸟画 卷1［M］. 西安：西安交通大学出版社，2015.03.

31.王烨编著. 中国古代兵器［M］. 北京：中国商业出版社，2015.01.

32.张明华著. 文化视域中的集句诗研究［M］. 北京：中国社会科学出版社，2014.11.

33.孟庆东编著. 中华帝王将相 第3卷［M］. 长春：吉林出版集团有限责任公司，2014.10.

34.易孟醇著. 红楼梦诗词笺析［M］. 湘潭：湘潭大学出版社，2014.10.

35.《中国汉字听写大会》栏目组编著. 我的趣味汉字世界 2［M］. 南宁：接力出版社，2014.08.

36.迟双明编著. 动真格 中国历代肃贪廉政得失［M］. 北京：北京理工大学出版社，2014.07.

37.王天有著. 明代国家机构研究［M］. 北京：故宫出版社，2014.03.

38.苏山编著. 中国趣味娱乐文化［M］. 北京：北京工业大学出版社，2013.11.

39.王丹阳著. 三分［M］. 深圳：深圳报业集团出版社，2013.01.

40.瞿明安，秦莹著. 中国饮食娱乐史［M］. 上海：上海古籍出版社，2012.12.

41.（清）梁章钜撰；吴蒙校点. 历代笔记小说大观 浪迹丛谈 续谈 三谈［M］. 上海：上海古籍出版社，2012.12.

42.（清）昭梿撰；冬青校点. 啸亭杂录 续录［M］. 上海：上海古籍出版社，2012.11.

43.（明）阮旻锡撰；厦门市图书馆编；何丙仲校注. 夕阳寮诗稿［M］. 厦门：厦门大学出版社，2011.04.

44.人民音乐出版社教育编辑室编. 普通高中音乐课程标准实验教科书 音乐与戏剧表演 教师用书［M］. 北京：人民音乐出版

社，2010.07.

45.阎崇年著. 清宫疑案正解［M］. 北京：中华书局，2007.03.

46.王菊华主编. 中国古代造纸工程技术史［M］. 太原：山西教育出版社，2005.12.

47.阎崇年著. 正说清朝十二帝 图文本 解密历史真相 走出“戏说”误区［M］. 北京：中华书局，2004.10.

48.李国文著. 中国文人的活法 插图增补本［M］. 北京：人民文学出版社，2004.03.

49.孙厚兴，吴敢主编；于道钦等撰稿. 徐州文化博览［M］. 北京：文化艺术出版社，2003.11.

50.关传友著. 中华竹文化［M］. 北京：中国文联出版社，2000.12.

51.孙书安编著. 中国博物别名大辞典［M］. 北京：北京出版社，2000.04.

52.颜品忠等主编. 中华文化制度辞典［M］. 北京：中国国际广播出版社，1998.01.

53.胡小伟主编. 中华五千年名诗一万首 上［M］. 石家庄：河北人民出版社，1995.08.

54.霍松林主编. 中国古典小说六大名著鉴赏辞典［M］. 西安：华岳文艺出版社，1988.12.

后记

2018年5月，有幸收到辽宁卫视的邀请，参与录制传统文化节目《第一时间·温故知新》。这个节目嵌在早间新闻时段中播出，每天播出一集，每集3—5分钟，得到了广大观众的认可。节目视频在网络上的浏览量也很大，在生活节奏日益加快的当下，人们依然对传统文化抱有很大的热忱。接下来的几年间，作为这个节目的主讲人之一，我已经参与录制了两百多期节目，提笔写下了两百多篇原创讲稿，凭借个人的所知所学，完成了一次又一次对传统文化的追寻和致敬。我们以"我是中国人"感到无比骄傲和自豪，中华优秀传统文化的种子早已在心田生根发芽，开花结果，融入我们的文化基因，塑造我们的文化品格，汇聚成为前行的动力，闪耀着智慧的光芒。几分钟的电视节目，光影闪现，稍纵即逝；讲稿背后的文字却可以继续沉淀，浓缩更多的回味与思考。

2020年4月，辽宁教育出版社的编辑老师鼓励我，共同策划《文明的细节：追寻古人的风尚》。有感于传媒发达的时代氛围，主创团队努力将这套书打造成为"融媒体"图书，它所提供的信息产品不是简单意义上的文字聚合，而是一幅立体交织的影音画卷，可读、可感、可亲、可见。因此，这也是一部“视频书”，结合书中内容，拍摄制作若干微视频；拍摄地选在辽宁大学蒲河校区、沈阳莫子山城市书房和辽宁出版集团精品图书展示厅，实地、实景、实时拍摄；视频内容通过二维码植入方式呈现，读者在阅读文本的同时，可扫码观看相关视频，直接与作者进行面对面的交流。

在这套书写作和出版的过程中，得到了许多人的支持。在此，感谢辽宁教育出版社的领导、编辑和工作人员，正是在各位同仁的托举和帮助下，这套书才得以问世。还要感谢我的母校辽宁大学，感谢我的工作单位文学院，支持我在传播中华文化的道路上执着前行。感谢文学院中国现当代文学专业的几位硕士研究生，他们是张艺元、孙冬迪、何璐、郝晓婷、王馨、徐蕊、王馨萱、赵琪娟、李聪迪、孙悦、姜娟、刘宁、郝婉婷、刘璐、郭新颖、李文杰、王莹等。他们热心地协助我查找资料、整理文案，用青春才智为这套书赋能，这套书的出版同样凝结着他们的智慧与付出。感谢文学院汉语言文学专业本科生梁佩，他以极大的热情和敬业精神投入到微视频的拍摄、制作工作中，还有同年级的几位小伙伴，刘兆国（公共管理学院行政管理专业）、杨姿（新闻与传播学院新闻学专业）、谢书煜（商学院会计学专业）、李禹辰（金融与贸易学院保险学专业）等几位同学热情参与，为本书插上了影像的翅膀。如今，他们已经毕业走入社会，开启了更为精彩的人生旅程。还要感谢辽宁广播电视台新闻中心的程娜、王秋月、付裕三位老师，她们以敏锐的文化洞察力和高水准的专业能力，打造了一档精品电视栏目，让我受益良多。感谢我的父母，他们总是毫无保留地支持我、鼓励我，做我的“第一观众”和“第一读者”；感谢我的妻子，她一直鼓励我完成这套书的写作；感谢我的女儿，她一直陪伴在我的身边，她的智慧才情和少年初心，感染和鼓舞着我更加热爱生活，更加努力前行。

有幸生活在这样一个伟大的时代，愿每一个人都能真诚地生活，自信地微笑，走向美好的明天，讲述更生动的“中国故事”。

李　东

2024年1月于沈阳